AMARIAH

PODER
ENTRE OS PERCALÇOS
SINTONIZAR
A ALMA

FRANCCESKA JOVITO

AMARIAH

PODER ENTRE OS PERCALÇOS SINTONIZAR A ALMA

Desenho de Capa / Diagramação / Design / Escrita
FRANCCESKA JOVITO

Foto da autora
RÊNIO NAIER

Revisão
FRANCO VANDERESTE
KAIK JOVITO

Dados Internacionais de Catalogação na Publicação (CIP)
(Câmara Brasileira do Livro, SP, Brasil)

Jovito, Francceska
    Amariah : poder entre os percalços sintonizar a alma /
Francceska Jovito. -- 1. ed. -- Teófilo Otoni, MG : Ed. da Autora, 2021.

    ISBN 978-65-00-15997-4

    1. Poesia brasileira I. Título.

21-54626   CDD-B869.1

Índice para catálogo sistemático:

1. Poesia : Literatura brasileira B869.1
Aline Graziele Benitez - Bibliotecária - CRB-1/3129

FRANCCESKA JOVITO

franccceska.jovito@hotmail.com

@FRANCCESKAJ
@F_AMARIAH

Colaboradores:

M	A	R	I	A	A	P	A	R	E	C	I	D	A
I	M	A	Z	M	N	E	L	S	O	N	F	I	J
S	E	F	E	L	I	P	E	R	A	S	B	A	O
A	L	A	A	U	D	R	N	F	C	M	A	C	A
C	I	E	R	I	A	E	N	R	S	R	U	N	B
K	A	L	O	Z	N	K	J	A	O	A	L	E	E
A	G	G	B	C	I	D	A	N	H	M	I	A	L
I	O	V	E	A	E	O	I	C	I	I	V	T	F
K	G	I	D	R	L	N	R	O	T	C	I	V	R
N	E	O	A	L	U	U	O	H	A	U	A	E	E
O	R	D	R	O	I	R	A	S	L	J	D	N	D
S	A	L	I	S	Z	B	O	U	O	Y	O	R	E
S	U	S	X	A	A	F	C	Y	T	S	E	E	R
R	F	E	R	T	I	A	G	O	S	W	L	J	I
E	L	A	A	A	S	N	I	I	I	E	E	A	C
F	U	N	P	E	C	B	L	L	I	C	A	Q	A
E	C	D	L	M	A	G	L	N	E	S	N	U	N
J	I	E	V	F	A	Y	U	A	V	K	D	E	D
D	N	R	B	E	N	J	A	M	I	N	R	L	R
A	E	S	A	R	O	O	O	J	N	S	O	I	I
V	I	O	C	N	M	A	R	C	I	O	L	N	N
I	D	N	A	A	S	O	J	E	C	H	I	E	E
G	E	T	R	N	A	P	H	C	I	E	N	L	S
U	A	I	O	D	I	A	E	I	U	L	A	M	O
S	V	O	L	A	A	U	Y	L	S	D	D	O	C
T	D	I	N	S	S	L	A	I	F	E	R	A	R
A	F	L	A	V	I	O	I	A	C	R	E	M	A
V	M	A	Y	A	R	A	O	L	E	C	R	A	M
O	A	N	A	E	N	A	V	O	I	G	S	R	Z
J	E	S	S	I	C	A	N	I	T	A	C	I	X
R	E	I	L	D	E	T	E	L	E	I	N	A	D
T	H	A	L	L	I	T	A	I	L	L	A	H	T

por você escrevo.

SOMOS FRUTOS DE UMA PROMESSA QUE UM DIA SERÁ CUMPRIDA
NASCEMOS DO DESEJO DE OUTRO ALGUÉM,
DO PRAZER, DA INCONSTÂNCIA, DO SENTIMENTO.

SOMOS FRUTOS DO NÃO DITO
QUE HABITA EM NÓS DIARIAMENTE
SOMOS HERANÇAS, VOZES, ANSEIOS ANCESTRAIS.

UNIMOS-NOS, MULTIPLICAMOS E TRANSCENDEMOS
PARA PODER ENTRE OS PERCALÇOS SINTONIZAR A ALMA.
SOMOS A NATUREZA METAMÓRFICA A CADA ESTAÇÃO

SOMOS **AMARIAH**.

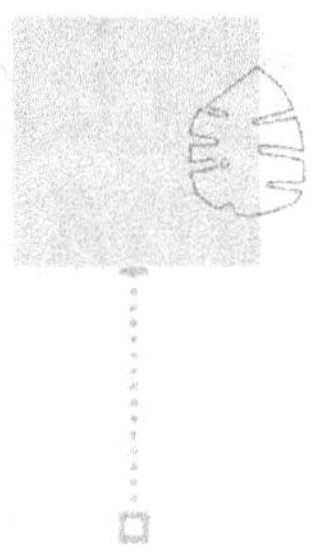

KAIK JOVITO

**Ator, Cantor,
Influenciador
CEO da Cafundó Store**

@kaikjovito

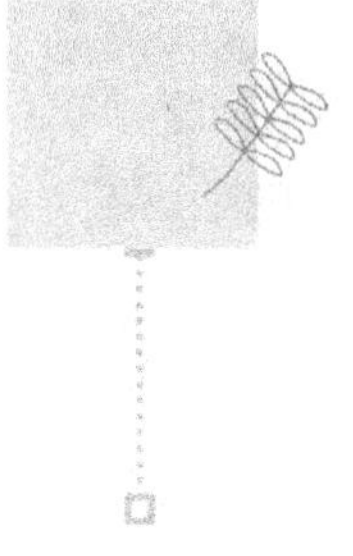

MIRNAH ABRANTES

**Cantora, Compositora,
Bailarina, Escritora
Psicóloga**

@porsingularidades

LUIZ CARLOS LIMONGE

**Cantor, Instrumentista, Chef
Ministro de Missões Transculturais**

@0luizlimonge

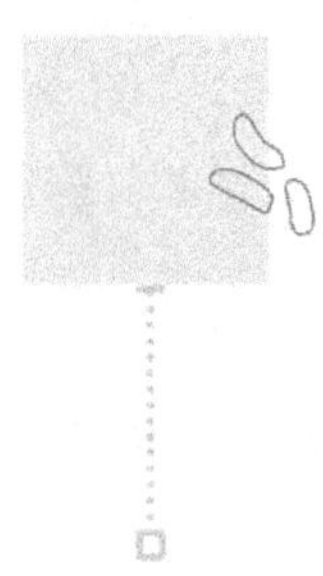

FRANCO VANDERESTE

**Rapper, Poeta, Fomentador
da Cultura Urbana Interiorana
SLAM Master**

@vandereste

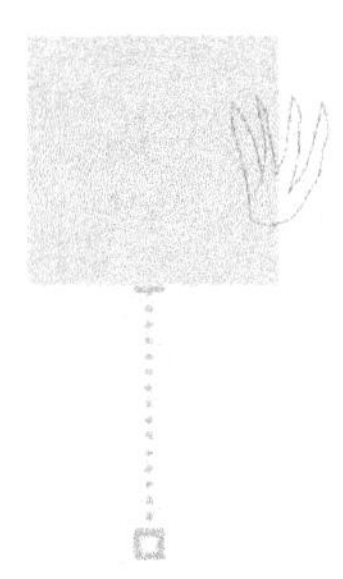

JOÃO PAULO FARIAS

**Escritor, Ator
Advogado**

@joaopaulofariasdutra

NOTAS DE AFETO

EU COSTUMAVA SER A GAROTA TÍMIDA, DE UMA CIDADE DO INTERIOR, QUE TERIA UMA VIDA HABITUAL E SUBMISSA. MAS EM ALGUM MOMENTO A VIDA ME SACUDIU E ME PERCEBI JOVEM, PRETA... VIAJANTE! A TRILHAR PELOS CAMINHOS DA ARTE E A REESCREVER TUDO AQUILO QUE ME DISSERAM QUE EU NÃO PODERIA SER, OBEDECENDO MINHAS PRÓPRIAS ESTAÇÕES.

APRENDI QUE O SOM DAS PALAVRAS IMPORTA, QUE EXISTE VALOR NOS SILÊNCIOS, QUE SE PODE NASCER E MORRER INÚMERAS VEZES. APEGUEI-ME A PROFUNDIDADE DOS TERMOS, A COMEÇAR PELO MEU PRÓPRIO NOME "FRANCCESKA" E FOI ASSIM, QUE DECIDI LUTAR PARA SER UMA "MULHER LIVRE". LUTA ESTA, QUE TENHO QUE GUERREAR TODOS OS DIAS, INCANÇAVELMENTE!

NASCIDA EM 1990, NA CAPITAL MUNDIAL DAS PEDRAS PRECIOSAS (TEÓFILO OTONI - MG), FRUTO DE UM AMOR MISCIGENADO GUIADO POR PRECES E LAMENTOS EM MIM ANCESTRAIS. TOMANDO NOTAS EM DIÁRIOS, NA RELAÇÃO HUMANO - TOTEM, DESCOBRI-ME POESIA QUE A VOCÊS AGORA É COMPARTILHADA.

"DESDE PEQUENA OBSERVADORA NATA, DONA DE UMA PERSONALIDADE ENIGMÁTICA E DE UMA LINGUAGEM POÉTICA E INOVADORA. ASSIM COMO AS ESTAÇÕES, ESTA OBRA FLORESCE O MELHOR EM NÓS. A AUTORA CONSEGUE COLOCAR EM PALAVRAS O MAIS SINGELO DO NOSSO COTIDIANO. COM CERTEZA, UM LIVRO BONITO! DESSES QUE DIVIDEM A GENTE EM ANTES E DEPOIS." (KAIK JOVITO)

Franccesca Jovito

De cór vislumbro estâncias

> " Entrar em contato com a escrita de Francceska, para mim, é se permitir ser afetada pelas intensidades da vida e dos afetos. São expressões e experimentações raras que superam qualquer desejo por uma compreensão racional, porque atravessam uma dimensão da gente que é inconsciente mas tão potente que nem precisa fazer sentido, precisa fazer sentir. É como ler algo que já estava dentro de mim e eu mal sabia. É fazer contato com a estranheza-beleza da existência, com as imprevisibilidades, angústias e ao mesmo tempo com a leveza, a poesia, as suavidades. Francceska escreve como quem abraça e deixa sua marca nos corpos atentos que se permitem sentir e ser. "
>
> (MIRNAH ABRANTES)

Meados de 2010, tive um reencontro muito especial. Esta pessoa retornava para o meu convívio trazendo leveza, paz e uma alegria que talvez seja impossível transpor em palavras. Apesar de muitas dificuldades e uma barreira imensa que me impossibilitava socializar, aceitei o convite para uma confraternização. Começava em meio a risos, histórias e canções uma grande amizade! AMARIAH - que de pseudônimo a eu lírico - me fôra apresentada num momento de caos pessoal trazendo uma válvula de escape.

A nossa querida autora acreditava estar sendo "curada" enquanto escrevia e compartilhava seus textos. No entanto estes versos e experiências me tomaram em forma de águas tranquilas, trazendo um ponto de equilíbrio entre conhecimento e crescimento, palavras e atitudes.

AMARIAH veio como aquela luz no fim do túnel, com textos que me impulsionaram à alegria mas que também me possibilitou sentir o coração de quem escrevera. Um dos versos que me fizeram enchergar a grandeza que existe em mostrar-me como frágil, despir-me diante do Criador e deixar a mostra a minha face mesmo quando esta não possuir beleza foi:

> " Bem é um estado mutável e inalcançável a um reles mortal... "

Verso extraído de batalhas e sentimentos silênciosos de uma guerreira que sempre me mostrou através deste "projeto" que existem lutas que serão necessárias guerrear com unhas e dentes, mas haverá outras em que o melhor é se colocar no teu silêncio e deixar que as tuas lágrimas e experiências sejam descritas em poemas, textos e versos...

De cór vislumbro estâncias

... Este livro me ensina a deixar legado, acrescentar resultados, somar e extrair o melhor da dor e da alegria, dos momentos de paz ou de lutas, daqueles momentos que nos surpreendem positivamente e também negativamente. Me ensina a não desistir, a insistir e perseverar.

AMARIAH vem como asas a serem postas naqueles que outrora caminhavam. Vem como pernas aos que tiveram as mesmas arrancadas e necessitam de um novo caminho ou direcionamento. E acima de tudo vem como bálsamo para feridas incompreendidas.

Este escambo de poesias é composto por altos e baixos, alinhados a reflexão de que existem pontos na essência humana que ao serem confrontados abrem caminhos de entendimento e autoconhecimento. Vê-lo fluindo e sendo apresentado a outros me alegra e me deixa ansioso para que, aos que tiverem a oportunidade de ler, sejam edificados e agregados de valores assim como fui alcançado.

Minha expectativa é de encontros! Você e seu espírito, entre o novo e o velho. Que a dor expressa em algumas páginas possa ser seu desabafo e que o silêncio explícito em alguns pontos sejam a tua resposta, o teu "sacramento".

AMARIAH é isto, morte transformada em vida, recomeço e incentivo.
AMARIAH é simplicidade.
E, finalmente,
AMARIAH é acreditar!

(LUIZ CARLOS LIMONGE)

"HOJE ELA SE SENTIU INFINITA
SE REVELOU, SE DESARMOU
DEIXOU O FARDO CAIR E
ABRAÇOU A LIBERDADE.
ELA SE RECONHECEU, SE DESFEZ
VOOU MAIS ALTO
BEM COMO SEUS VERSOS
QUE NÃO MAIS SÃO SEUS."

Motivos esculpidos em contratempos

A poetisa em silêncio surpreende a quem tenha experimentado a eloquência das suas estrofes. Em tons de liberdade, se faz presente nos diversos espaços e a sutil observação não constrange nem se faz perceber, não oprime nem põe ninguém a julgamento, mas quando rompe a inércia, é a voz que se equilibra com serenidade num turbilhão de perspectivas.

A mais atenta observação sintetiza não apenas uma necessidade humana de eclodir a efusão de sentimentos e sensações, mas de comunicar-se com o outro, com o igual, e conectar-se com almas, em favor dessas e por essas.

PODER ENTRE OS PERCALÇOS SINTONIZAR A ALMA é a expressão de uma estabilidade interior. Resultado de um processo que sugere questionar o confuso, refletir as repetições e o que é imposto à condição humana, dar significados a momentos, crises, pessoas, atitudes e demais elementos que impactam a vida.

> "Poder, verbo transitivo direto e intransitivo
> que nos gera a capacidade de sermos necessários"

A obra de Francceska ao revelar as mazelas e desencontros do eu lírico, propõe a exteriorização do imperfeito em benefício da autoconstrução. Ainda que, o mais perplexo dos leitores questione as marcas de subjetividade, é preciso ir além da superfície da escuta para entender o diálogo sem pressa que a poetisa inicia. É um jogo de espelhos, uma parceria no trajeto de se autodescobrir. Impossível não se identificar com a integridade de um texto ou com algum verso.

A correspondência funciona como um socorro, um milagre de ser compreendido num mundo de relacionamentos superficiais e achar o que foi esquecido ou negligenciado no vagão das lembranças. É como interromper o embalo do trem do tempo e da mente para seguir a vida com maior lucidez, isso também é se curar, isso também é se encontrar, evitar o automatismo dos dias e dar sentido maior para a rotineira façanha da sobrevivência.

Desse modo, a poética da artista em apreço, é como beber a água e matar a sede dos outros. Torna-se visível o martírio da poetisa que, ao longo do tempo, perpassa o mero grito necessário no presente para consolidar-se como produto universal e atemporal da arte, sendo voz para os que atravessam as experiências ou dilemas da realidade. Assim, o que é real se despe da avassaladora opressão para se vestir de caminhos, saídas, esperanças ou consolo...

Motivos esculpidos em contratempos

... O que consola nem sempre é uma solução, muitas vezes é o próprio desabafo, um consolo indireto presente na obra. Neste ponto, todos os seres humanos são dependentes de ouvidos e de vozes alheias. E a arte da escrita que eterniza a poesia forma pontes para canalizar a explosão do interior, tanger ouvidos e potencializar vozes! Portanto, comunica-se! Há uma missão nitidamente cumprida em face dos pilares que se erigem de vivências, observações e verdade!

> " Fomos silenciados, censurados, abafados. Mas, para que a nossa presença seja notada, temos que aprender a chorar de queixo erguido. A deixar nossa voz ecoar até transpassar nossos opressores. "

Percebe-se um trabalho primoroso em fazer dos versos uma defesa da arte, classificando a dor como matéria-prima da beleza. Alguns textos enveredam o pensamento nos porquês misteriosos do comportamento humano e reduz complexos dilemas em comparações, a partir da observação de fenômenos corriqueiros da natureza, como na poesia "Água" que, resume o quanto a profundidade está próxima da simplicidade.

E neste aparente contraste segue o exemplo dos Mestres em encenar histórias que se tornam verdadeiros espetáculos na mente, plenos de conteúdo que, requer não o esforço dos matemáticos nem a erudição prolixa, mas a imaginação para acessar a mais altaneira mensagem, como acentuam os versos de "A menina e as flores", "Jardim de mil fases" e "Inconsciente".

Os percalços nesta poética se transformam em motivos para a escrita consciente. A escrita que chora de amor e ao mesmo tempo coroa o amor, e que se consome diante da insensibilidade humana, mas atenua a crise com frieza, enfrentando os constantes pesares que acometem a humanidade, e confronta até o deslumbre do inconsciente como o ápice da intensidade de viver cada código da vida.

Torna-se essa poesia um produto da arte e transcende... Está aberta para diversos olhares e perspectivas, nasce naturalmente da gravidez de todos os fatos, mas não nasce para ser de quem a escreve. E a escritora dos versos é quem diz. Impossível traduzir o desprendimento.

Se os sentidos são amplos há liberdade! E após atribuir significado ao mundo, é louvável sintonizar aos outros como forma solidária da busca e promover o aperfeiçoamento da visão interior, pois um ser que não sente, não respira. Nem soube viver.

(JOÃO PAULO FARIAS DUTRA)

ESPEREM VIDA,
MORTE, LUZ, ALMA.
ESPEREM NUANCES DO EXTREMO AMOR
AMOR, AO EXTREMO AMOR.
LEIA E SABERÁ!

INFINITAS ALMAS TÃO COMPACTANTES
EM ALGUMAS FOLHAS DE PAPÉIS QUE ME REMETEM DEUS OU A DEUSA,
COMO CRIADORA ONIPOTENTE, ONIPRESENTE E ONISCIENTE
DE CADA VÍRGULA QUE DESVIA AO INÍCIO DE UMA ESTAÇÃO,
DE CADA PONTO QUE FINALIZA UMA FASE LUNAR.
LEIA E SABERÁ!

QUE EM CADA PALAVRA RESIDE UM PEDAÇO
DIVINO DEMAIS PARA SER HUMANO,
HUMANO DEMAIS PARA SER DIVINO.
LEIA E SABERÁ!

NÃO ESPEREM ENTENDER O AMOR,
A SURPRESA, A GRATIDÃO, AS ESCOLHAS
QUE EXISTEM DAQUI PARA FRENTE SE NÃO OLHAREM PARA
DENTRO DA ALMA EMITIDA NO FUTURO.
LEIA E SABERÁ!

VEJAM AS VOZES E ESCUTEM TUDO QUE VOS TOCA.
LEIA E VIVERÁ!

(FRANCO VANDERESTE)

Que a vida seja uma eterna poesia,
Daquelas que afagam
Ou arrepiam o ser.

Porque ela é feita de:
Matéria,
Afetos
E cachos.

A poesia é um rabisco da vida
Risco o traço e se desagradar
Faço tudo outra vez.

Será esse o passo para
ganhar sua alma,
Fazer o corpo tremer e
errar o ponto do café?

Me criei num mundo de migalhas
Amores simples por vezes
Me constrangem.

Comer é alimentar a alma
Adoçar a vida, saborear a calma.

PRIMAVERA

E ALI COMEÇA A DANÇA PELO CAMINHO RETO. DEVANEIOS ILUSÓRIOS DE BOAS SENSAÇÕES, ENERGIA REAL E FUGAZ QUE INVADE O CORPO. AO RODOPIAR CADA VEZ MAIS VELOZ, NASCEM NOVAS ATRAÇÕES. FLORES COM CORES VIVAS E VIBRANTES A PREENCHER O CENÁRIO.

A ESTRADA QUE OUTRORA ESTREITA SE ALARGA PARA A NOVA COMPOSIÇÃO. UMA NOVA MÚSICA É ENTOADA E A MENINA SE ENVOLVE A DANÇAR, FESTEJANDO O NASCER DAS FLORES. ESTAS QUE A RODEIAM NO RITMO DE SEUS MOVIMENTOS.

NUM PISCAR DE OLHOS O VENTO SOPRA FRIO, E PARA SE AQUECER A MENINA ABRAÇA AS FLORES, QUE POR SUA VEZ A QUEREM CADA VEZ MAIS PERTO. QUÃO SUAVES SÃO AS TEXTURAS DELAS EM SUA PELE!

O CALOR INTENSIFICA E A MENINA TENTA RECUAR. MAS, AS FLORES NÃO SABEM COMO DEIXÁ-LA IR. ELAS A ENRROLAM EM SUAS FOLHAS E PÉTALAS. OS ESPINHOS ESCONDIDOS A ENTRECORTAM A PELE. A DOR QUE A INVADE É CADA VEZ MAIS INTENSA.

O ORVALHO A JORRAR DOS OLHOS DAQUELA MENINA. QUE AGORA TEM SUA PELE EMBRANQUECIDA E JÁ NÃO PODE MAIS DANÇAR. A COR QUE AGORA COLORE A CENA É O VERMELHO QUENTE E VIVO. O CORAÇÃO DA MOÇA CONTRITO, APERTADO!

OUVE-SE UM SUSSURRO. E A MENINA SE VAI. AS FLORES AO NÃO VER MAIS A VIDA SE ESPALHAM. O CAMINHO PODE SER NOVAMENTE VISLUMBRADO, MAS A MENINA PERMANECE ALI. PERDIDA EM MEIO AQUELA DANÇA.

LEVE ARREPIO, A BOCA SECA!
O PECADO ATORMENTA A ALMA
ENFRAQUECE O ESPÍRITO,
CONFUNDE A MENTE, FAZ O CORPO ESTREMECER.

O CALOR AUMENTA E O SUOR FRIO ESCORRE PELAS MÃOS,
AS PERNAS DESFALECEM!
SINTO O CORAÇÃO PULSAR NUM RITMO ACELERADO
COMO SE DANÇASSE A MÚSICA DAS FLECHAS
LANÇADAS EM DIREÇÃO A MIM.

A ORAÇÃO PERDE A FORÇA, ENQUANTO O CORPO INCENDEIA.
ASSIM COMEÇA A LUTA QUE É SÓ MINHA
ONDE DEVERÃO SER SEPARADOS OS SANGUES QUE CORREM NAS VEIAS.
SOMENTE UM PODE ME DOMINAR E APENAS UM ME FARÁ CAIR,
OU QUEM SABE ME LEVANTAR!

FEITA PARA O AMOR ARDENTE QUE NÃO POSSO TER
E AGORA, COMO CONTROLÁ-LO?
ALGO DENTRO DE MIM SE MOVE EM BUSCA DE LIBERDADE
ENQUANTO LUTO PELO BEM CONTRA O MAL,
FRUTO DE MIM MESMA, QUE CRESCE DIA PÓS DIA EM BORBULHAS.

O CORPO GRITA E IMPLORA FIELMENTE QUE ALGO SE APROXIME.
COMO O VENTO AVASSALADOR QUE SOPRA VELOZMENTE E INTENSO
ANSEIO PELO PACIFICADOR DA MINHA CAUSA.

CADA PARTE EM MIM DELINEADA
COMPLETARÁ OS ESPAÇOS DE TEMPO ENTRE CADA FÔLEGO
QUE AINDA ME RESTA
ANTES QUE EU PERCA O AR.

DE UM LANCE A UM ESQUEMA,
EVOLUÇÃO OU DECADÊNCIA? INQUIETUDE.
CHAMA ACESA, CORAÇÃO MUDO E RITO DESNUDO!
SILÊNCIO QUE GRITA E ANSEIA LOGO APÓS SE CALA.

TURBULÊNCIA DE INFORMAÇÕES CONSTANTES
A TROCA DE VERSOS SE INSTALA DE MODO SERENO
ENTRETANTO, AS MENTES GRITAM, BERRAM!
OUSANDO A INCOMODAR OS CORPOS.

DIÁLOGOS DE AFETOS, HISTÓRIAS... DESCONEXO.
LEVANDO PARA FORA OS MEDOS
ROMPENDO COM AS REGRAS PREESTABELECIDAS
LEVANDO-OS PARA DENTRO DE SI,
ABRINDO PORTAS NO OUTRO.

PALAVRAS TROCADAS ÁS AVESSAS
JOGO CRUEL DE VONTADES. ACASO?
PARA ELES POSSIBILIDADES.
NAS FALAS MUDAS, O JOGO ESTÁ PARA COMEÇAR!

CORPOS QUENTES, FACES COLORIDAS.
NESTA NOITE ELES IRÃO QUEIMAR!
AS PALAVRAS DE UM, A CORRER DE MODO INTENSO.
MUITO MAIS DO QUE O OUTRO CAMURFLOU NAS ENTRELINHAS.

SÃO VERSOS QUENTES E DESAFIADORES
LEEM, IMAGINAM, FERVEM!
O QUE NÃO SABEM NESSE PROCEDER
É QUE SUA SINA É ANDAR POR SOBRE AS BRASAS
IR DO PICO DO PERIGO AOS ESCOMBROS DA VIVACIDADE.
INCENDIAR.

E NOVAMENTE FORAM OS VERSOS
FOI MELODIA ENVOLVENTE
FORAM ACORDES A ENCONTRAR A ALMA.
UM TOQUE SUAVE INVADINDO AOS POUCOS TODO O SER.

FOI COMPLEMENTO.
A SENSAÇÃO DO TEMPO SENDO HIPNOTIZADO
ATÉ PARALISAR POR COMPLETO

FOI UM RETORNO A ADRENALINA DO PRIMEIRO CONTATO
AQUELA QUEIMAÇÃO POR DENTRO
O RUBOR DAS MAÇAS DO ROSTO
O TREMOR A CADA NOTA ENTOADA.

NÃO FOI COMO BEIJAR A MELODIA
FOI COMO SE UNIR A ELA NUM RITMO PERFEITO
FOI POR INSTANTES SER MÚSICA.

AMANTES OCULTOS
OCULTANDO EM SI OS SENTIMENTOS
ESTES DESENCONTRADOS E COMPACTANTES
PERDIDOS.

SEM LEITO A PROCURA DE DESAFIOS
COMPARTILHANDO HISTÓRIAS DE TODO O MERO EMPOEIRADO
REVOLVENDO OS MEDOS, REMEXENDO AS FALAS.

ENCONTRAM-SE INCERTOS PELA LONGA E TORTUOSA JORNADA
INCOMPLETOS, TENTANDO POR FIM COMPLETUDE.
A PROCURA MÚTUA DE ALEGRIA QUE O OUTRO NÃO PODE DAR
VAGANDO PELAS PARTES,
DESNUDOS.

PROFESSAM DESEJOS, ESCONDEM VERDADES.
SÃO INTEIROS, PORÉM, TÃO COVARDES!
CONSTÂNCIA DE DESESPERO
FUGAS PARA SUFOCAR O PASSADO
QUE DE TÃO INTENSO FINCA ESTACAS E SE ARMA.

NA TENTATIVA DE JAMAIS DESAPARECER
ELES ALI CONSANGUÍNEOS,
UNIDOS A SOMBRA DO TEMPO
FRATERNAIS.

ACONCHEGO SERENO
DOÇURA INOCENTE
AFETO CALADO
SAUDADE.

VONTADE DE CONGELAR O TEMPO
REMOVER OS ESPAÇOS
REVIVER.

SENTIR O CORAÇÃO PULSAR LADO A LADO
NÃO QUERER SOLTAR,
ALIANÇAR.

SER UM SÓ
SOMAR PRESENTE E PASSADO
REESTRUTURAR.

ABARCAR TODOS OS SENTIDOS
SENTIR O CHEIRO
PERFUMAR.

AMAR NOVAMENTE
RENOVAR TODA A MENTE
E PERMANECER AQUI,
FIRMEMENTE EM SEUS BRAÇOS.

HÁ QUEM DIZ QUE POETA NÃO SABE AMAR.
MAS QUE TOLICE!
POETAS SÃO MESTRES, PROFESSORES,
INSTRUTORES DO AMOR.
ELES NÃO APENAS AMAM COMO TAMBÉM ETERNIZAM O AFETO.

ONDE HÁ AMOR,
ALI SE ENCONTRA UM RASTRO DE UM POETA.
ONDE EXISTE AMOR,
HÁ O CENTRO, O BERÇO DE UM POETA.
UM NÃO EXISTE SEM A PRESENÇA MÚTUA DO OUTRO.

SE UM POETA ESCREVE É POR AMAR
OU PELA VONTADE DE SER AMADO.
TALVEZ, ELES SEJAM OS REAIS CUPIDOS DESSA VIDA!
INCESSANTEMENTE ENVOLVIDOS PELA POESIA
QUE ALIMENTA A FONTE DO AMOR NOS OUTROS.

| Poesia: arte de compor sentimentos e transformá-lo em versos |

AMOR É MAR
QUE PASSA COM CHEIAS ONDAS A MOLHAR A AREIA
E RETORNA AO MESMO PONTO DE PARTIDA
VAI DETERMINADO, COM VONTADE, SEM COBRAR.
VOLTA POR VEZES VAZIO, PUXANDO ALGO CONSIGO
QUE NEM DEVE FICAR.

AMOR É ÁGUA
QUE DE RASA A PROFUNDA SEMPRE ESTARÁ POR LÁ
BUSCANDO ALGUÉM QUE A SEGURE
E QUE PELOS DEDOS NÃO A DEIXEM ESCAPAR.

AMOR É GOTA
QUE MATA A SEDE DE QUEM QUER FICAR.
FALAR DE AMOR SEM ENCHER OS OLHOS
É COMO EMUDECER. NÃO DIZER, NÃO SENTIR
TALVEZ ATÉ OMITIR O DESEJO EMINENTE.

PARA FALAR DE AMOR
É PRECISO VIVER INTENSAMENTE
PARAR NO TEMPO, CONGELAR O ESPAÇO
DEIXAR DE SER E SER NO OUTRO.

SE FOR FALAR DE AMOR
SERÁ PRECISO LAVAR A ALMA
JUNTAR AS LÁGRIMAS
DEIXAR-SE CHOVER.

E JÁ ERA AMOR ANTES MESMO DE SER
ERAM MEUS DIAS SE ENCURTANDO AO VER-TE
E AS NOITES FICANDO LONGAS SEM TUA PRESENÇA.
ERAM AS PALAVRAS ME FALTANDO
E OS SILÊNCIOS CENDENDO LUGAR PARA OS TREMORES
ERA EM MEIO A INCOMPLETUDE SABER QUE
EM ALGUM LUGAR EXISTIA VOCÊ.
ERAM OS CLAMORES SÓLIDOS PELO DESCONHECIDO
ERA A FELICIDADE ADENTRANDO NUM LUGAR CHAMADO
CORAÇÃO E A ESPERANÇA AUMENTANDO PAULATINAMENTE.
ERA APENAS VOCÊ,
CHEGANDO SORRATEIRAMENTE.

| me sentirei eternamente grata pelo vendaval que aqui abriguei |

OLHA O POETA MARGINAL!
DAS MARGENS DE UM MANUSCRITO VIVO
DOS RIOS E CURSOS DE ÁGUAS NATURAIS.
ÁGUAS SALGADAS, PASSADAS.
LÁGRIMAS!

CHORO DE UM POVO, DE SI,
DAS REZAS, DOS SOLUÇOS MATERNAIS,
DA JUVENTUDE QUE SE ESVAI E NINGUÉM VÊ.
NO CORAÇÃO DO POETA A CRENÇA
POR DIAS MELHORES E SERES TRANSFORMADOS.

MITOS?
CONVIDAR-TE-EI A VER COMO VOZES RITMADAS
QUE CORREM PELAS RUAS. (RAP)
POTÊNCIA REAL DOS SONS DE FALAS REPRIMIDAS
OCULTADAS, ABAFADAS, SILENCIADAS.

DA NEGRITUDE QUE BALANÇA O CORPO
NOS COMPASSOS ANCESTRAIS
EIS AÍ MAIS UM FILHO A SER DESTAQUE.
NARRANDO POESIAS EM LUGAR DE FARSAS
NA TENTATIVA DE ROMPER COM OS RÓTULOS SOCIAIS.

ABRA ESPAÇO QUE O FLOW É CERTO!
MISTOS DE VERDADES IRÃO ESCOAR
E NA FLUIDEZ DE UM BEAT PESADO
O AMOR ESTÁ A DECLAMAR.

ELA SE TRANCOU NO QUARTO OUTRA VEZ
COM A MESMA INQUIETUDE DE QUANDO PARTIRA
PASSEOU POR HORAS NAQUELE PEQUENO ESPAÇO
A DESPEDIR DE SI MESMA.

VASCULHOU GAVETAS, SE LIVROU DE PERTENCES.
TENTOU NÃO PERTENCER. FITOU POR UM TEMPO AS RECORDAÇÕES
TAMANHAS MENTIRAS QUE CRIARAM FORMAS.
RASGOU-SE POR DENTRO EM CADA PAPEL DESFEITO.

NA EXPECTATIVA DE ROMPER COM O PASSADO QUE LHE ATORMENTAVA,
DIÁRIOS E CÓDIGOS FORAM SE DESFAZENDO AOS POUCOS
PARA QUE ELA PUDESSE MOSTRAR SUA NUDEZ.
EM CADA PÁGINA VIRADA UM SORRISO.

CRESCEU E TRANSFORMOU SEUS SEGREDOS
RESSIGNIFICOU SENTIMENTOS E COLOCOU SUAS MARCAS
E CICATRIZES À MOSTRA PARA AQUELES QUE QUISEREM VER.
DESTRUIU AS JURAS, ACABOU COM AS FARSAS E DESESPERANÇA.

DESPIU-SE DO PASSADO MUDO, QUE EM SEUS OUVIDOS GRITAVAM,
DESCANSOU PARA SER A LIBERDADE.
SILENCIOU OS BERROS POR SOCORRO QUE TODOS FINGIAM NÃO
PERCEBER. ELA SE TRANSFORMOU!
FOI CRESCENDO NUM ÚNICO DIA, AFOGOU ANGÚSTIAS,
DEIXOU SUA PERSONA, A CAPA, PARA TRÁS.

SUSPIROU PARA NOVIDADE DE VIDA, SORRIU PARA O SEU ESPÍRITO.
FALOU COM OS ANJOS, CANTAROLOU COM A ALMA!
ELA ESTÁ A CAMINHO DA LIBERDADE DE SE EXPRESSAR E DEIXAR A VIDA
FLUIR. ENTREGOU-SE AO SEU MUNDO E CUMPRIU A MISSÃO
AGORA ELA NÃO QUER MAIS DORMIR.

AGRACIADA ÉS!

POIS NO VENTRE DOS ASTROS FOSTES CRIADA

AOS BRAÇOS DE DEUS, TU A GERAR.

DO ALFA AO ÔMEGA, MÃE!

E JAMAIS CABERIA DENTRO DE UM SIMPLES

E MOMENTÂNEO "TE AMO".

TUA INFINITUDE ESTÁ NO NÃO DITO

SEM COBRANÇAS,

SEM PESO,

SEM MÁGOAS.

NO SILÊNCIO UNIVERSAL QUE APENAS SE SENTE

MAS NÃO É POSSIVEL EXPRESSAR.

| a chuva serena a cair lá fora, e nós aqui...
a trovejar por dentro |

SOB O MEU OLHAR VOCÊ CAMINHA EM MINHA DIREÇÃO
EU A TODO TEMPO ESCONDIDA A TE ADMIRAR
AMANDO EM SILÊNCIO, ATEREFANDO O UNIVERSO.
SOPRANDO MEUS DESEJOS AOS TEUS OUVIDOS
DANDO ORDENS AO VENTO PARA TRAZÊ-LO AQUI.

GUARDADO EM MEU ABRAÇO,
AFAGADO PELO MELHOR DE MIM.
OLHANDO A LUA POR HORAS PARA VER-TE
UNINDO TEU OLHAR COM O MEU.
MEU CORPO A IMPLORAR POR TI
POR MAIS UMA LEMBRANÇA SAUDOSA SUA.

O SENTIMENTO TENTANDO FICAR MAIS PERTO
EU, ILUSÃO. AMOR REPRIMIDO!
VIVENDO SEM PODER TE AMAR.
A PERDER-ME NA INCESSANTE ESPERA DO QUE NÃO VIRÁ.

MEU CORPO APROXIMANDO
E O SEU SE AFASTANDO COM MEDO DE FICAR.
HÁ VONTADE APERTADA DE UM PEDIDO FINAL
E HÁ CURIOSIDADE DE VER O DESTINO NOS AJEITAR.

COMO VIVER NESSA INCERTEZA
ONDE O QUERER DISTANCIAR
TRAZ VOCÊ CADA VEZ MAIS PERTO?
MAS AINDA ASSIM, AS HORAS PARAM!
VOCÊ A PASSAR MAIS UM INSTANTE AQUI,
E SE ABRIGAR NO MEU PEITO.

E ESTA FOI NOITE DE VIRADA
NOITE DE ENLACE PERFEITO
ENTRE CORPOS, ALMAS, ESPÍRITOS.

SUSSUROS E SILÊNCIOS
ESCONDIDOS ENTRE LENÇÓIS
PROMESSAS FEITAS E FIRMADAS
COM O CALOR DO SENTIMENTO.

UM VELHO CICLO SE FINDA
MAS UM NOVO ACABA POR SURGIR
DAQUILO QUE FOI,
RESTA A ESPERANÇA POR DIAS BONS.

NA BAGAGEM DESSA VEZ
CARREGA-SE ALGUÉM.
NÃO UMA VAGA LEMBRANÇA,
MAS, UM NOVO CORPO.
UMA NOVA HISTÓRIA.

E AGORA SÃO 30
AIS
CHOROS
ESPERAS

AOS 30 EM ISOLAMENTO
VELA ACESA PARA COMEMORAR
O INÍCIO DE UM,
PARTIDA DE OUTRO.
NO SOPRO O DESEJO POR VIDAS.

BRINDE A VIDA!

SONS DAS PALMAS
1, 7, 15, 30
VERSOS
SILÊNCIO
TIROS!

TODOS MAIS PRÓXIMOS
A ABRAÇAR A MORTE
NA IDADE DO SUCESSO
QUEM SÃO ESSES A COMEMORAR?

SERIA POSSÍVEL ESPERAR
PERMANECER UM POUCO MAIS SEM PRECISAR PARTIR
DARIA PARA CERRAR A PORTA DA FUGA E RESGUARDAR A SOLIDÃO
POSSIVEL SERIA COSTURAR AS ALMAS ATÉ NÃO HAVER ESPAÇOS
PARA VAZIO OU COISA SEMELHANTE.

DARIA PARA FAZER MORADA E CATIVAR ABRIGO
OS ENCONTROS PODERIAM SER GENUÍNOS E EXALAR INTENSIDADE
SERIA COMPLEMENTO DIÁRIO, CONQUISTA DUPLA,
CRIARIA INTIMIDADE.

PODERIA DESVELAR A FACE E SER DE FATO QUEM ÉS
CAIRIAM-SE OS RÓTULOS E AS POSSIBILIDADES
SURGIRIAM AS VERDADES.
DARIA NOVAMENTE PARA SER VOCÊ E EU
COMO NUM PRINCÍPIO.

SUA VOZ ME ENCONTRARIA,
E EU SERIA APENAS PARA TI.
SERÍAMOS VERBO E CARNE!
COMPLETOS, SEM INTERFERÊNCIAS.
E ENTÃO VOCÊ SERIA PARA ETERNIDADE MEU.

NÃO É SOBRE O NÚMERO DE PESSOAS
QUE VOCÊ LEVA PARA A CAMA
É SOBRE AQUELAS QUE ABREM PORTAS
PARA ABRIGAR TUA VIDA.

NÃO SÃO SOBRE OS ORGASMOS,
MAS SIM, SOBRE OS SONS DO TEU CHORO
E OS BRAÇOS QUE TE ACOLHEM
QUANDO VOCÊ É SÓ FRAGILIDADE.

NÃO É SOBRE CORPOS,
MAS SIM, SOBRE ALMAS!
É SOBRE AQUILO QUE PODE TE COMPLETAR
E NÃO APENAS SACIAR A VONTADE MOMENTÂNEA.

É SOBRE TROCA INCESSANTE,
UNIÃO DE LAÇOS E CONVITES PARA FICAR.
NÃO É NEM MESMO SOBRE DESEJO!
É SOBRE DEIXAR-SE CHOVER
ONDE HÁ ALGUÉM PARA TE SECAR.

E SIM, É SOBRE VALORIZAR QUEM SE FAZ PRESENTE
QUANDO O MUNDO LHE FALTA.
SOBRE SER E ESTAR NAQUELES QUE POR TI
TRANSBORDAM DE AMOR.

NOTAS,
VERSOS,
PALAVRAS...

JAMAIS EXPRESSARIAM A IMENSIDÃO
QUE ME TORNO NO TEU TRANSBORDO.

VOCÊ É RELATO QUE LIVRO ALGUM SUPORTARIA
E QUE AS LAUDAS FALTARIAM AO TENTAR DESCREVER.
É MAR IMENSO QUE EU VELEJARIA ANOS
PARA TENTAR CONHECER.

VOCÊ É O AFETO SILENCIADO QUE EU TANTO ANSEAVA
A PALAVRA DOCE QUE A TANTO ME FALTOU.

É ABRAÇO QUENTE PARA MEU CORAÇÃO FRIO
É CARINHO QUE DE TÃO INTENSO NÃO CONSIGO SEGURAR.

VOCÊ,
REPOUSO CERTO PARA MINHA POESIA.

O corpo dela ao sol é uma história
Que não daria para contar
Apenas com um café.

Bom seria ver o sol nascer ao teu lado
Sentir teu corpo aos raios queimar
Mas, por aqui a vida só escurece.

Sou filha do fogo,
Nasci pra queimar
Feita do fogo
Pra sempre arder.

Não há como fugir da nossa
Essência, pois em algum momento
Ela irá refletir.

Da vida quero:
Almas, corpos e chocolate.
(para alguns pode ser café)

A arte é como a fé.

VERÃO

INCOMUM OLHAR VAZIO
SOMBRAS E VENTOS
O SOL MOSTRA-TE O CAMINHO

VOCÊ AINDA ESTÁ AÍ?
POR QUE NÃO O SINTO?
COMO FAÇO PARA ENCONTRÁ-LO?
DAQUI DE BAIXO NÃO VEJO O SOL BRILHAR.
MEUS PÉS FRACOS NÃO ENCONTRAM O CAMINHO.

MAIS UMA VEZ A DESESPERANÇA CHEGOU
VEIO DERRUBANDO TUDO, SILENCIANDO O CREDO
LEVOU AS ROSAS DA VIDA!
DUAS FACES.
A MINHA E A TUA NUAS E LÍMPIDAS.
SEM DEUSES PAGÃOS OU REPETIDAS PRECES.

SE EU GRITAR...
VOCÊ VEM E ME SOCORRE?
EU QUERO VOLTAR
ANDO PERDIDA EM MEIO AS DESILUSÕES.
AS PALAVRAS ESTÃO SE PERDENDO
NADA TEM VALOR ONDE NÃO HÁ ALEGRIA.

QUAL A COR DO VÉU QUE NOS SEPARA?
E AQUELE AMOR,
AINDA EXISTE?
TALVEZ, ESTEJA SÓ DE PASSAGEM.
TUDO AGORA É CORRER ATRÁS DO VENTO.

| entre tantas coisas que me preenche,
sigo colecionando vazios |

A NOITE CAI SUAVE E TENRA
SEU PERFUME EXALA AMORES EMBALADOS NAS PENUMBRAS
OS AMANTES TORNAM-SE PROPÍCIOS AO ACASO
QUE CONTEMPLARÁ SEUS SEGREDOS BEM VIVENCIADOS
EM SOMAS DE PRAZER E VONTADE.

MÃOS QUE ANTES FIRMES VAGAM PELO ESPAÇO
TORNAM-SE TRÊMULAS
COM A FALTA DE COMPLETUDE DO SER.

CORPOS BRINDAM AO SOM DA VALSA
ENVOLVENTE A COMPÔR A NOITE
SONS BEM ARRANJADOS PELO AR QUE SE FINDA
E OUTRO QUE LOGO SE INICIA

CHEGAM OS PEQUENOS RAIOS DE LUZ
A DESFAZER TODA A ESCURIDÃO,
A FIM DE REVELAR A TRAMA.

AMANTES QUE AGORA INIMIGOS DO SOL
POIS QUANDO ESTE DECIDE SURGIR
ROUBA O DESEJO, OCUPA O TEMPO.
LEVA VOCÊ!

| alguns amores florescem quando
o objeto de desejo nos quer escapar |

VEIO BUSCAR DIVERSÃO
TROUXE BALÕES COLORIDOS
POESIA NA MÃO
E MÚSICA NOS LÁBIOS.

FINGIU FICAR,
SIMULOU ALEGRIA
NÃO BATEU, FOI INVADINDO
QUANDO PERCEBEU FEZ MORADA
INVENTOU ABRIGO.

PRODUZIU CENÁRIOS
ESTENDEU A LONA PARA TAPAR OS BURACOS
ATUOU...
FEZ MÁGICA
ILUSÃO!

USOU MÁSCARAS
PENDUROU SENTIMENTOS EM MALABARES
COMEÇOU A BRINCAR.

| quando lhe faltar espaço ao redor
e não couber em alguém, habite em si mesmo |

A ZERO QUILÔMETROS DE TODOS OS CAMINHOS
O PRIMEIRO A BEBER DO CÁLICE MAIOR
TIAGO SE FEZ PEDRA,
ROMÂNTICO, BARROCO... GÓTICO!

EIS O NORDESTE ESPANHOL FIRMADO
NOS ESCRITOS DO CÓDICE CALIXTINO.
BEBO EU DO CÁLICE PELA PRIMEIRA VEZ
GOSTO FRIO, AMARGO,
REGADO A ÓLEO.

AQUI SOU A SOLIDÃO!
COMO BRETALDO FRANCO EM 955,
ESTRANGEIRA ADMIRANDO PRECES.
ENTRE LEÃO E ASTÚRIAS
MEUS VERSOS A PEREGRINAR.

ELA INCOMPLETA
ELE TÃO DISTANTE

PODERIAM SER UM SÓ ENCONTRO,
MAS AGORA ELA CANSOU DE TENTAR
FADIGOU-SE DE MENDIGAR AMOR

ELA DECIDIDA
ELE...

QUEM É ELE?

| bem me quer ou não me quer?
bem, se quer! bem... se quiser |

E QUEM DIRÁ O QUE
É BELO
INCERTO,
MODERNO,
SAGAZ?

E QUEM COMPLETARÁ
O CANTO
POEMA,
DILEMA,
O PENSAR?

OLHAR... GOSTAR
NÃO, AMAR!
VIVER, DANÇAR, LER, SONHAR.
CHORAR, ESTAR, FICAR

PARTIR...

E QUEM COMPLETARÁ
OS PASSOS,
O ACASO,
O TEMPO,
O MOMENTO...

O PROFUNDO E SINGELO
PEDAÇO DE MIM?

MULHER FORTE E DESTEMIDA FOI A QUE CONHECI
TRAJADA COMO QUEM VAI PARA A GUERRA
EM SALTO ALTO DE CONFIANÇA
NOS OLHOS A SEDE DE TRANSFORMAR UM PASSADO
NA BOCA O VERMELHO QUENTE QUE ENVOLVE AS MUITAS PAIXÕES.

CORAÇÃO RECHEADO DE VONTADES,
SEDE DE VIDA E DE VITÓRIA!
NO ANDAR UM GINGADO JOVEM E BEM EQUILIBRADO
DE ALGUÉM QUE NÃO ESQUECEU QUE É MULHER
UMA BELA MULHER! E, PORTANTO, CHEIA DE SEDUÇÃO.

NA BOLSA ELA CARREGA AS MARCAS DE UM TEMPO MAL,
AS LÁGRIMAS COLHIDAS COMO FRUTO DO QUE CONQUISTOU
A FACE RUBRA E ENDURECIDA AOS POUCOS FOI FICANDO LEVE,
E CLARAMENTE ELA FOI GANHANDO UM NOVO TOM.
ESTA MULHER ENTÃO SE VERTEU EM SOL.

AH, FANI! COMO ÉS BELA DE FACE E DE ALMA!

QUE A MINHA ALEGRA POR CONHECER-TE

AO OLHAR PARA "CASA ARRUMADA"

SENTIREI-ME ETERNAMENTE GRATA

PELO VENDAVAL QUE AQUI ABRIGUEI.

DOS RETRATOS DO PASSADO TRAGO AS MARCAS

QUE DEVIDO A TI, UM POUCO MAIS EU SEI.

FORÇA, GARRA, RESGATE!

NUTRINDO A SABEDORIA DESSA MULHER

QUE NÃO MAIS CONTADORA DE HISTÓRIAS

MAS, PROTETORA DE MEMÓRIAS.

DETENTORA DE TODO O AFETO!

| estranho poder dos homens a ocultar histórias e calar a arte |

BRANCO LUMINOSO, INTENSO,
TUDO INCONDICIONALMENTE BRANCO!
AQUI NÃO HÁ DOR OU SOFRIMENTO
NÃO HÁ INFORMAÇÕES
TUDO É INTEIRO E AS POSSIBILIDADES SÃO DIVERSAS
EM TODAS ELAS HÁ EXATIDÃO.
GRITO POR ELE SEM PARAR, MAS,
NÃO COM ANSIEDADE OU DESESPERO.
AQUI ESTOU COMPLETA, NÃO NECESSITO DE NADA.
ESTOU SÓ, MAS SINTO-ME PLENA!
LOCAL DE LIBERDADES, RAPIDEZ E EFICÁCIA,
TUDO CONCLUÍDO COM PRAZER E ALEGRIA.
AQUI HÁ MAGIA, HÁ VERDADE!
SIGNIFICADOS PODEM SER DIVERSOS
MÚLTIPLOS, RICOS! SEM RUPTURA OU REGRAS.
DEUS NUNCA ESTEVE EM SILÊNCIO
ELE É APENAS O SOM DA FÉ A ECOAR
POR QUE E PARA QUE VOLTAR?
NÃO EXISTE INTERFERÊNCIA
AQUI SOMOS APENAS, ELE E EU.

SENTIREI SAUDADES.

O JARDIM ERA MEU RECANTO, GUARDADO E CUIDADO, CADA COISA EM SEU LUGAR. MINUCIOSAMENTE MODELADO PELAS MÃOS DAQUELE QUE AMA MINHA ALMA. CORES BEM ORNADAS EXALANDO O CHEIRO DOS LÍRIOS DO CAMPO E MIRRA FRESCA POR TODA PARTE. NASCE ENTÃO, O DESEJO DE VARRER CADA CANTO, A PROCURA DE NOVOS DETALHES.

POR UM DEVANEIO A PORTA É ESQUECIDA ABERTA E SORRATEIRAMENTE UM CURIOSO QUE CERCAVA O LUGAR EM BUSCA DE NOVAS AVENTURAS ADENTRA LENTAMENTE AO JARDIM. ELE DESLIZA PELAS MONTANHAS DO NORTE ONDE ESTÃO AS GAZELAS, ROMPENDO POSTERIORMENTE POR TODAS AS ÁRVORES FRUTÍFERAS DO CAMPO, DERRAMANDO DO SEU AZEITE E DO SEU MEL POR ONDE PASSA.

FICA ESTASIADO AO AVISTAR AS PEQUENAS UVAS QUE ESTÃO PRÓXIMAS AOS ODRES FUNDOS QUE RAPIDAMENTE SÃO PREENCHIDOS COM SEU VINHO FRESCO E SUAVE! SEGUINDO EM DIREÇÃO AO SUL, PERCEBE UMA PORTA EM MEIO AS ÁRVORES, COLOCA SEU CAJADO PELA FRESTA NA INTENÇÃO DE ABRIR PASSAGEM.

ENTÃO, É SURPREENDIDO POR UMA FONTE DE ÁGUA DOCE E CRISTALINA QUE BROTA DE DENTRO DA FRESTA. BEBE UM POUCO DA ÁGUA E ASSIM PARTE, SEGUINDO O SOM ENCANTADOR DOS BEIJA-FLORES QUE O DISTRAEM LEVANDO-O PARA FORA DO JARDIM.

A PORTA DO JARDIM SE FECHA, CAI A NOITE FRIA E DENSA E TUDO NO JARDIM ADORMECE.

ELE MENTIU,
VEIO COM VOZ DOCE E AFAGOS COMO SE QUISESSE FICAR.
NÃO DEIXOU FLORES NEM PRESENTES,
MAS SIM, UMA VONTADE DE PERTENCER.
FINGIU CORAÇÃO VAZIO, MAS CARREGAVA OUTRA MULHER.
UM CASO VÍVIDO E REAL, COM CHEIRO DE SEXO PROIBIDO E AFETO.

DERRAMOU DO VENENO QUE TRAZIA NUMA GARRAFA DE VINHO TINTO,
TRANSBORDOU EM SANGUE.
O SANGUE DA MOÇA A ESPERAR.
PERDIDO E BUSCANDO DESENCONTRAR ALGUÉM
A FEZ ENCONTRAR-SE EM SI, EM VÃO.
POIS NÃO HAVIA PRETENSÃO DE FICAR.

A FEZ DE MARIONETE PARA AFASTAR O PASSADO.
ALVOROÇANDO TUDO AO REDOR
DEIXADO E ABANDONADO DECIDIU SE ABRIR.
LANÇAR MÃO DOS SILÊNCIOS, SE ACONSELHAR.
AINDA ASSIM A TAL MOÇA NÃO TEVE LUGAR.

ELA AGORA AGUARDANDO O AFETO,
FINGINDO TAL COMO ELE NÃO SE IMPORTAR
RASGANDO-SE POR DENTRO, QUIETA, SILENCIOSA.
QUERENDO ALGUÉM QUE LHE POSSA DE VEZ AFAGAR.

ELA ESTAVA NO SINAL A REBOLAR
BAMBOLÊ AOS JOELHOS E TRÊS BOLINHAS NAS MÃOS
SORRISO NO ROSTO E COM BOA EDUCAÇÃO
GRITAVA: - BOM DIA!

A ALEGRIA TRANSPASSANDO SEU CORPO, SEU OLHAR.
ESTAVA SÓ E CONVICTA DE SI MESMA
(EU ALI A OBSERVAR)

PESSOAS NOS CARROS NÃO A VIAM
(ELA TAMBÉM NÃO ME ENXERGAVA)
MAS ALI ESTAVA EU...
A OBSERVAR AQUELA LINDA CENA
QUÃO BELA ELA ERA!

PERCEBI-ME NA DANÇA DAQUELE CORPO
A EMBALAR OS MALABARES.
FUI AO PASSADO... E VOLTEI
QUE ARTISTA! TÃO ALEGRE E TÃO SÓ!

DA OUTRA ESQUINA UM HOMEM A SURGIR
ELE CAMINHA EM DIREÇÃO A MOÇA
NÃO ERA FELICIDADE, ERA COMPLETUDE.
A SOLIDÃO QUE EU HAVIA ENXERGADO
ERA APENAS O MEU PRÓPRIO REFLEXO NO AR.

DESCE MAIS UMA AÍ!
E QUE A GELADA NÃO SEJA VOCÊ.
UM, DOIS, TRÊS... GOLES
BRINDE PARA O SANTO QUE A BELEZA VEM!

SÓ MAIS UMA SAIDEIRA
QUE AMANHÃ É DIA DE "BRANCO".
OUTRA BRANQUINHA NA MESA
PRA VER A PRETA SAMBAR.

CORPO DE BÊBADO NÃO TEM DONO.
VAI MAIS UMA PARA AFOGAR AS MÁGOAS!
TA SOZINHA, PRINCESA?

VOCÊ É INFINITO QUE NÃO CABE
NUM COPO DE BEBIDA BARATA
MAS, ISSO É CONVERSA DEMAIS...

PRA UMA MESA DE BAR.

HOJE ME SENTEI COM UMA CELEBRIDADE
O MENINO QUE VIU O SOL
NÃO, ELE NÃO ESTEVE LÁ!
NÃO TOCOU NOS ASTROS OU VIAJOU PLANETAS.
ELE APENAS PAROU E OBSERVOU
E O SOL JÁ NÃO ERA O DE ANTES.
ELE QUEIMAVA INCESSANTEMENTE NUM BRILHO FORTE
A AQUECER O TOM DA PELE.
ERAM RAIOS DE VIDA E ENERGIA!
HOJE EU PUDE CONTEMPLAR
ALGUÉM TÃO SUBLIME E SENSÍVEL
O BASTANTE PARA SENTAR E VER O SOL.
SE FICASSE UM TEMPO A MAIS ALI
ELE VERIA QUE ESTAVA A OLHAR NOS OLHOS DE DEUS.
E ASSIM COMO PAULO DE TARSO
NÃO PODERIA ENXERGAR.
HOJE ESTIVE COM O MENINO QUE VIU O SOL
O MENINO QUE OLHOU NOS OLHOS DE DEUS.

| a cegueira é só o brilho do sol |

TODOS OS DIAS, NASCEMOS DO NADA.
E ESSE TEMPO NÃO FOI DIFERENTE.
ERA UM DESPERTAR INERTE QUE AOS POUCOS
IA GANHANDO MOVIMENTO.
ERA A CRIATIVIDADE MARCANDO ENCONTROS
UM NÃO SABER E UMA INCERTEZA DANDO UM
EMPURRÃOZINHO PARA FRENTE A CADA INSTANTE.

ERA A VIDA SORRINDO AOS POUCOS
UMA SENSAÇÃO MÚTUA DE ESPERANÇA E NOVIDADE
TALVEZ, UMA REPETIÇÃO LEVANDO A ROTINA IMPLÍCITA.
AGORA A VIDA LANÇA SUAS FLECHAS
TORNA-SE A SEU PONTO INICIAL.

NÃO HÁ NOVIDADE, NEM MESMO UM CAMINHAR.
HÁ AGORA UM NÃO SABER COMO CONTINUAR
COMO MODIFICAR O DIA PARA OCULTAR OS VAZIOS.
HÁ UMA VONTADE DE NÃO ZERAR,
NÃO DORMIR, PARA PODER NÃO ACORDAR.

EXISTE UM DESEJO POR UM DIA QUE NÃO DESPERTARÁ OUTRA VEZ
MEDO E RECEIO DA INÉRCIA DO AMANHÃ
MAS, AINDA ASSIM SURGE O CLARÃO DO DIA,
A NATUREZA SE MOVIMENTA
E MAIS UMA VEZ NASCEMOS NO NADA
PARA EM ALGUM FINDAR DO DIA SER TUDO!

PELA VÃ ESCURIDÃO
DESNUDAM OS CORPOS
ENCONTRAM-SE NAS CURVAS
GUARDAM A RAZÃO.

VELAM AS LÍNGUAS AO FOGO
DO CALOR DOS CORPOS
PINTAM MELANINA E SUOR
PARCEIROS OU RIVAIS
ESTES QUE SE FAZEM UM.

NO INTUITO DE ROMPER COM O CLANDESTINO
E SE PERTENCER SEM COMPROMISSO.
OS GEMIDOS SEGUEM
NOITES E MAIS NOITES SE VÃO AO FRENEZI
COMPLETUDE NÃO ASSEGURADA

AVENTURA MILIMETRICAMENTE IMPENSADA.

SINTO FALTA DA SUA VOZ,
E DE QUANDO ME ESCUTAVA
SINTO FALTA DO SEU CHEIRO,
E DE QUANDO NOSSOS PERFUMES SE UNIAM
SINTO FALTA DO SEU OLHAR
E DE TE OBSERVAR EM DETALHES
SINTO FALTA DO TEU TOQUE,
E DE QUANDO MINHAS MÃOS RECORRIAM AO SEU CORPO
SINTO FALTA DO SEU ABRAÇO,
E DE QUANDO VOCÊ PREENCHIA OS MEUS
SINTO FALTA DOS TEUS LÁBIOS,
E DE SENTIR O VELUDO DELES NOS MEUS
SINTO FALTA DA TUA PELE,
E DE QUANDO MEU CORPO CHEIRAVA O SEU
SINTO FALTA DAS TUAS MÃOS,
E DAS MINHAS A SEREM FIRMEMENTE APERTADAS POR ELAS
SINTO FALTA DE TUDO,
QUANDO EM MEU NADA EU TIVE VOCÊ
APENAS SINTO.

MENINA LEVANTE!
PÕE UM SORRISO NO ROSTO E PINTA A CARA
TIRA O LUTO QUE O SOL JÁ RAIOU.
SUBA NUM SALTO E SE VISTA DE FELICIDADE
ESCONDA A VERDADE NO TEU CORAÇÃO
QUE O MUNDO ESPERA POR TI.

CAMURFLE O SENTIMENTO
CRIE UM NOVO ACORDE
SE NECESSÁRIO MUDE O TIMBRE,
DÊ AQUILO QUE TODOS ESPERAM:
UM NOVO SOM.

RENOVE A FALA E ESCONDA O PASSADO
GUARDE O ONTEM NA GAVETA
QUE HOJE É DIA DE IR A GUERRA,
SEQUE AS LÁGRIMAS
POIS É A VIDA QUE SEGUE!

| a toda má palavra, uma prece.
a cada letra atravessada, responderei com ausência |

Estar em casa é como
Atravessar multidões dentro
De si mesmo.

Teus olhos escorrem
Num vazio que preenche
Os meus.

Havia um vazio
A preencher o espaço
E em meio ao silêncio
Estava eu: nua, fria e só.

Conhecerei meus próprios erros
Restaurando ocultas faltas
Onde estou enferma.

Se não sou daqui e
Estou só de passagem
Por que devo me encontrar
Por esses mundos?

E todos os dias me findo logo no começo
Não sei quem sou e nem como cheguei aqui
Já são quase 12 horas e ainda não me despertei
Por favor, me lembre de amanhã SER.

OUTONO

BEM É UM ESTADO MUTÁVEL
E INALCANÇÁVEL A UM RELES MORTAL
O HOMEM É VAGO E INCOMPLETO EM SI
SUA ALMA SEMPRE ANSEIA POR MAIS

SE NÃO DER PARA SER RIO
SEREI UM MAR AGITADO E FORTE
OU ENTÃO UM RIACHO BEM
CALMO E SERENO.

SE NÃO DER PARA SER GOTA,
SEREI O SUOR DO CORPO A TRAZER FRESCOR
OU A LÁGRIMA QUE ESCORRERÁ DOS OLHOS DE ALGUÉM.

SE NÃO DER PARA SER LÍQUIDA
SEREI PASTOSA PARA IMPREGNAR LEMBRANÇAS
OU SÓLIDA PARA SER RIGIDEZ EM MIM
E FORTALEZA NO OUTRO.

O QUE IMPORTA MESMO É SER ÁGUA.

HOJE DEU VONTADE DE COLHER TODOS OS DESABAFOS E UNI-LOS A UM SÓ. FUI DE TUDO NA VIDA E ÀS VEZES FUI TÃO POUCO, QUE EM MEIO A ESSE EMARANHADO NEM EU MESMA SEI QUEM SOU.

TENTEI SER DIVA, POETISA, MULHER, E NÃO FUI NINGUÉM. FUI ARTISTA! SIM, TALVEZ EU TENHA NASCIDO ASSIM, INCOMPLETA, EM CONSTRUÇÃO. SEM SABER MUITO BEM POR ONDE COMECEI E TENTANDO TODOS OS DIAS ME RECONSTRU-IR.

TALVEZ EU TENHA SIDO UM MARCO, MESMO NÃO TENDO AMADO NINGUÉM. SE AO CONTRÁRIO, FUI AMADA EM SILÊNCIO. DAQUELES AMORES QUE DE TÃO GOSTOSOS, O BOM MESMO É DEIXAR QUIETO E FINGIR NÃO SENTIR.

SÃO QUASE SEIS DA MANHÃ E AINDA NÃO ME DESCOBRI! TENTEI, MAS SABE QUANDO TUA ALMA É TÃO GRANDE QUE NÃO CABE EM TI? POIS BEM, PARECE QUE POR AQUI EXISTEM MUITAS DELAS QUE ESTÃO A TODO TEMPO SE CONTRADIZENDO. ROMPENDO OU TRANSCENDENDO JUNTAS.

FUI TANTAS, QUE AO MEIO ME PARTI. AGORA QUERO SER UMA E TENHO RECEIO DE NÃO CONSEGUIR. SERÁ ESSA A TRAMA DE UM ARTISTA? DORMIR SENDO TANTAS COISAS, E ACORDAR TÃO PEQUENO QUE PARECE ATÉ MESMO NÃO EXISTIR.

EU MORRI ALI... TENTARAM ME REANIMAR

MAS, EU HAVIA PARTIDO NO MOMENTO DO MEU NASCIMENTO.

GRITARAM POR SOCORRO E MISERICÓRDIA

O SOPRO DE VIDA VEIO, MAS EU HAVIA MORRIDO ALI,

NA MESA DO PARTO.

TENTARAM ME REVIVER MESMO JURANDO MINHA MORTE

MAS EU PARTI NAQUELE INSTANTE.

AO CHORAR, COGITARAM ESTAR TUDO BEM.

ELA? NÃO SE LEMBROU DE MIM

E MAIS UMA VEZ EU MORRI.

EU MORRI NO SENTIMENTO, NO DESEJO, NO PLANEJAMENTO.

SEM SABER QUE NÃO HAVIA MAIS JEITO, ME REANIMARAM!

E APÓS FALHAS TENTATIVAS... DECIDI SOBREVIVER.

COM O PASSAR DOS ANOS, RESPIRANDO FUI.

MAS, NA REALIDADE, EU NÃO ESTAVA ALI.

ERA SOMENTE UM JOGO, UM MARTÍRIO FÚNEBRE

DO QUE RESTOU DA MINHA EXISTÊNCIA.

FUI APRENDENDO QUE SE PODEM MORRER INÚMERAS VEZES

ENSINARAM-ME A MORRER NOS ATOS E NAS FALAS

NO TOQUE, NO SILÊNCIO OU NO DESEJO.

APRESENTARAM-ME DEUS, MAS ELE TAMBÉM JÁ HAVIA MORRIDO.

ME ENCONTREI NO EMUDECER DAS QUESTÕES

ABRAÇADA A MORTE, MEU VERDADEIRO LAR.

O QUE ELES NÃO SABEM É QUE EU NUNCA ESTIVE AQUI

EU MORRI ALI, NO MEU NASCIMENTO. EU NUNCA EXISTI!

DISCRIMINAÇÃO DO ESTADO DO CORPO
MAIS UM SENTIMENTO.
ESPADA BEM AFIADA QUE DILACERA POR DENTRO
VAZIO PROFUNDO E AO MESMO TEMPO TÃO CHEIO!

O SUFOCAMENTO
APERTO DE MÃOS FRIAS A EMBALAR O CORAÇÃO
UM ARREPIO E UMA AGONIA QUE SE TRANSBORDA.
CACHOEIRA DE CONFUSAS E TENEBROSAS SENSAÇÕES.

SUSSURRO, GEMIDO
COMPREENDIDO APENAS POR AQUELE QUE O EXPRIME
E QUANDO POSSÍVEL OU INEVITÁVEL
UM SILÊNCIO.

| esta tudo bem não sentir-se bem sempre
até os astros por vezes estão a eclipsar |

VOCÊ NÃO ESTÁ SÓ
EXISTE UMA FORÇA QUE EMANA AO REDOR
CLAMANDO POR TUA SENSIBILIDADE.
ESTEJA DISPOSTO A SENTIR E DEIXAR-SE TRANSBORDAR.
EXISTE ALGUÉM A ESPERA DAS ÁGUAS QUE ESCORREM DE TI
PROSSIGA!

ESTEJA PRONTO QUANDO O UNIVERSO BEIJAR TUA POESIA
ESTEJA FIRME, PARA QUE TUA VIDA COMECE A GIRAR.
PARE UM POUCO, SENTA AÍ E ME DIZ:
O QUE TE AFLINGE POR DENTRO?

O QUE TE FAZ CALAR,
QUEM TE FAZ EMUDECER?
SENTE AQUI E DEIXE-ME LHE TOMAR EM MEUS BRAÇOS!
SE ACALENTE, E ME DIZ UM POUCO DE TI.
POIS HOJE VOCÊ PODE TRANSBORDAR.

VOCÊ PODE OUVIR OS ANJOS?
HOJE ELES ESTÃO A CANTAR PARA TI, MINHA FLOR!
PARA QUE POSSAS DESCANSAR.
O BANQUETE LHE É PREPARADO
AGORA SIM VOCÊ TERÁ 100 ANOS,
OU APENAS UM...
COMO QUISER!

SERÁ QUE EXISTEM ETIQUETAS NOS CÉUS?
SE SIM, ME ESPERA DE SALTO ALTO,
AO PÓ DE ARROZ E GARFOS DE MARFIM.
CASO CONTRÁRIO, FOI TÃO BOM NOS ENCONTRAR POR AQUI!

ENTRE AGULHAS E BORDADOS EIS-NOS AQUI A COSTURAR A VIDA
PARTILHANDO HISTÓRIAS, NUTRINDO FORÇAS,
SENDO MULHERES LIVRES...

NADA DE TABU OU REGRAS,
É HORA DAS MÍSTICAS!
ORAÇÕES E PRECES ACEITAS
QUE TUDO AGORA NOS DIRECIONE A VIDA.

SEUS SEGREDOS ESTARÃO PRA SEMPRE GUARDADOS
E A LUA A TODOS ELES SONDARÁ.
HONRA-LA EU EI EM "VIDA"
FICAM AS LEMBRANÇAS...
ATÉ LÁ!

| em memória: Cecília |

NÃO FOI DESEJO, NEM VONTADE OU CURIOSIDADE.
NADA DISSO! FOI UM CHOQUE ELÉTRICO MEIO QUE DE SURPRESA
DESSES QUE NOS DEIXAM COM CORPO ARREPIADO E CABELO EM PÉ.
FOI SENTIMENTO!

(MEDO DE SENTIR, TE SENTIR!)

NÃO FOI PLANEJADO, NEM PREMEDITADO.
FOI SÓ UM QUERER ESTAR PERTO E CUIDAR
TOMAR TODAS AS DORES COMO SE FOSSEM MINHAS.
A VONTADE E O DESEJO VIERAM DEPOIS.

(MEDO DA ENTREGA AO QUAL ME CABIA NO MOMENTO)

NÃO FOI UM LANCE DE CORPO, FOI RELAÇÃO DE ALMAS.
NÃO FORAM OS OLHOS, NEM OS RISOS, JEITO DE ANDAR OU VESTIR.
FORAM AS PALAVRAS!

(FOI MEDO SIM, MAS COM AMOR)

UMA SAUDADE E UMA URGÊNCIA DAQUILO QUE NUNCA SE TEVE
MAS, ERA COMO SE JÁ TIVESSE TIDO!

(MEDO DO AMOR)
MEDO DE AMAR VOCÊ.

TENTEI CALAR A SOLIDÃO
E A ANGÚSTIA ME POSSUIU
IMPLOREI MORADA A MORTE
E ELA ME TORTUROU COM A VIDA

APENAS O BURACO DA ALMA
FOI O QUE ME CABIA DIARIAMENTE,
ENQUANTO DIGERIA A FELICIDADE
QUE NÃO ME DESCIA BEM

DESAGRADÁVEL SABOR DE FEL, AMARGA VIDA
A ME PERTURBAR DIARIAMENTE.
ENQUANTO ANSEIO OS BRAÇOS DA ESCURIDÃO
QUE FINGE EM NOITES SOMBRIAS
AFAGAR-ME.

VAGANDO POR NOTAS E ESCRITOS SURGE O QUESTIONAMENTO
POR QUE FAZÊ-LOS DE SERES TÃO DISTANTES?
OPTO ENTÃO POR APROXIMAR OS FATOS
UNIR PESSOAS E GESTOS FIRMEMENTE, SOMAR CORAÇÕES.

NESSA IMENSIDÃO DE PENSARES, DÚVIDAS E COMPLEXIDADES
EIS AÍ O NOVO INSTRUMENTO DE ARTE!
BEM AQUI PERTO ESTÁ A NOVA INSPIRAÇÃO
QUE OUTRORA DEVESSE SER A PRIMEIRA.

NUMA IMENSIDÃO SEM FIM DE SABER
DAQUILO QUE NÃO SE SABE AO CERTO.
DE HORÁRIOS E AGENDAS NÃO CUMPRIDAS
DAS FALAS EMBARAÇOSAS, MAS,
OLHARES SINCEROS E PRUDENTES.

PODE-SE DIZER DE UM AMOR ESCONDIDO
QUE NÃO É DAQUI. VEM DE OUTRAS BANDAS!
VEM DE UM MISTÉRIO APARENTE.
AH, QUISERA SOUBÉSSEMOS DESCREVER!

PALAVRAS TORNAM-SE RARAS NESSAS HORAS
RESISTÊNCIAS SE FIRMAM MAIS UMA VEZ
E AQUI ESTOU NOVAMENTE NA INÉRCIA INFINDÁVEL
DE PERMANECER EMUDECIDA FRENTE A ALGUÉM
TÃO SUBLIME!

DEVE-SE MANTER A POSTURA DE DAMA E SER PERFEITA

DEVE-SE CALAR E OUVIR OS DESABAFOS ALHEIOS

DEVE-SE SER ORGANIZADA E PONTUAL

DEVE-SE SER ÁGIL, SAGAZ, INTELIGENTE, SUBMISSA

DEVE-SE SER A MELHOR EM TUDO.

DEVE-SE ENGOLIR O CHORO E OMITIR A DOR

DEVE-SE SER SILENCIOSA E NÃO SENTIR

DEVE-SE ESTAR ATENTA AOS DETALHES E SORRIR PARA TODOS

DEVE-SE OBSERVAR BEM, SABER VESTIR-SE, SE PENTEAR, COZINHAR!

DEVE-SE ESTAR SEMPRE APTA E COERENTE NAS TAREFAS

DEVE-SE CORRER CONTRA O TEMPO

DEVE-SE EVITAR O ENVELHECIMENTO E MANTER A FORMA

DEVE-SE SER SAUDÁVEL E TER A MENTE LIMPA.

DEVE-SE MUITO...

O TEMPO TODO.

FECHADA ENTRE QUATRO PAREDES
EM MEIO AO ESQUECIMENTO A ALMA CHORA.
MEU CORAÇÃO DESFALECE A PROCURA DO QUE DOEI E NÃO RECEBI.
BUSCO ENCONTRAR-ME EM MEIO AOS ESCOMBROS DA MINHA SOLIDÃO
PALAVRAS DITAS, QUE HOJE ME FEREM.
SILÊNCIO QUE MACHUCA.

COM O TEMPO PERCEBO QUE NADA AQUI DENTRO MUDOU
AINDA ME MARTIRIZANDO PELOS AMORES
QUE PARTIRAM SEM EXPLICAÇÕES.
E OS POR QUÊS QUE FICARAM SEM RESPOSTAS?
AMEI O DESMERECIDO OU NEM SOUBE O QUE É AMOR?
ENTREGUEI-ME POR INTEIRO A PESSOA ERRADA, OU QUEM SABE,
PERDI-ME NOS MEUS PRÓPRIOS ERROS.

O SOL NÃO TEM BRILHO, A LUA AGORA É SÓ MAIS UMA PEDRA
QUE NÃO SE LEMBRA DE ILUMINAR A ESCURIDÃO.
QUERIA OS BRAÇOS, MAS O VENTO FRIO É QUEM ME EMBALA.
A TRISTEZA APERTA MEU CORAÇÃO E AS LEMBRANÇAS ME BEIJAM
O SONO SE VAI E SURGEM AS LÁGRIMAS A ME ACOMPANHAR.

HOJE ME POSICIONEI EM FRENTE AO ESPELHO
NA TENTATIVA DE EXPLICAR A FALTA.
O REFLEXO VISTO POR DETRÁS DOS CACHOS
ERA A SUA FACE, E ALI CHOREI.

OREI POR VOCÊ COMO A MUITO NÃO CONSEGUIA
COM SUA PRESENÇA VAZIA
SEM ALGUÉM PARA REPOUSAR AO MEU LADO
PEDI AO UNIVERSO QUE ZELASSE POR TI
QUE ELE GUIASSE SEUS CAMINHOS.

DESEJEI TER VOCÊ AQUI
PARA AFAGAR-TE EM MEUS BRAÇOS
ACARICIAR-TE ATÉ O ADORMECER.
PARA TE SENTIR MAIS UMA VEZ MINHA,
E COLHER SUA FRAGILIDADE.

HOJE SUA FALTA DOEU TANTO NO PEITO
QUE NÃO TER NOTÍCIAS DESAQUIETOU MINHA ALMA
TENTEI MAIS UMA VEZ SER FORTE
PARA TE TOCAR NO ESPÍRITO, PARA TE SENTIR.

HOJE COMO TODOS OS DIAS, VOCÊ ESTEVE AQUI.

| para minha menina |

ELE AINDA ESTA AQUI
É MEIO CONFUSO ASSUMIR
APÓS VÁRIAS TENTATIVAS DE FUGA
ELE PERMANECE AQUI.

PRESENTE, FIRME, COMPANHEIRO.
EMBORA POR VEZES RESISTENTE!
UM VIAJANTE QUE AINDA NÃO PASSOU.
É COMO SE O UNIVERSO NÃO DESPRENDESSE
AQUILO QUE NOSSAS MÃOS CANSARAM DE TENTAR SEGURAR.

SEM SABER OS MOTIVOS
SEM DESNUDAR AS RAZÕES
ELE AINDA ESTA AQUI.

SEGUINDO SOLTO, MAS, VOANDO PERTO.
SE FAZENDO PRESENTE E AQUIETANDO O CAOS
TORNANDO-SE CAIS SEGURO PARA LEMES INCONSTANTES.
SEM SABER AO CERTO O PORQUÊ,
ELE AINDA ESTA AQUI.

SINTO-ME PARTIR PARA LONGE
DAQUELE SENTIMENTO QUE NOS ENVOLVIA
O ENCANTO ESTÁ SE FINDANDO
OU ALGO AQUI DENTRO HOJE ADORMECE.

AS MEMÓRIAS BOAS SE FIXAM VAGAS E RARAS,
ENQUANTO VEJO SUA IMAGEM A CAMINHO DE UM ESVANECIMENTO.
TENTO REMONTAR OS FATOS, RECORDAR O TOQUE,
PRENDER FIRMEMENTE ALGO QUE É TEU,
MAS QUE AINDA RESIDA EM MIM.

AS LÁGRIMAS SECARAM. (DEVERIA SER ALGO BOM)
A INÉRCIA CAUSA CONFLITO,
UMA ESTRANHA LUTA PARA EVITAR PERDER-TE
EMBORA O FATO SEJA QUE VOCÊ PARTIU
PEGOU OS TRAPOS E SAIU SEM EXPLICAÇÃO.

QUESTIONAMENTOS FORAM O QUE RESTARAM
A CADA BADALO DO RELÓGIO.
POR QUÊ? (RESPOSTA VAZIA)

DISTÂNCIA...
SERIA MELHOR MANTER A DISTÂNCIA.
(MAS SE FOR ASSIM, IRÁ DESAPARECER).
NÃO SERÁ UMA PENUMBRA A INVADIR MEUS SONHOS, PERTURBAR-ME.

TALVEZ SEJA MELHOR SER SOMBRA
MESMO QUE UMA IMAGEM BORRADA NO MEU PENSAMENTO
CASO CONTRÁRIO, TORNAR-SE-Á EM NADA,
OU ATÉ MESMO UMA PARTE GUARDADA NO ESQUECIMENTO.

E HOJE SE FINDA TUDO

OS RISOS, AS VOZES, A GANDAIA.

FINALIZA O SOFRIMENTO ATRÁS DO "RISO DO PALHAÇO"

O PERSONAGEM BEM ELABORADO DESCEU DO SALTO.

A DRAG GUARDOU O BRILHO, AS PINTURAS, E EMBALOU AS LÁGRIMAS.

SEUS OLHOS SE FECHARAM PARA ESTE MUNDO

PARA ABRIR POR DETRÁS DO ARCO (IRIS)

O CORPO QUE A ABRIGAVA JÁ NÃO LHE PERTENCE.

E OS SENTIMENTOS REPRIMIDOS FICARÃO NO ESQUECIMENTO.

A LUTA QUE ERA SÓ DE UM, AGORA TESTEMUNHO PARA MUITOS.

NUM LUGAR ESCONDIDO DO CORAÇÃO

UM SEGREDO SOMADO A UMA SOLIDÃO SINUOSA E SOMBRIA

AS LUZES DO PALCO SE APAGARAM

E HOJE NÃO HÁ PLATÉIA OU ENCENAÇÃO.

NÃO HAVERÁ O FINGIR, NEM O ESCONDER.

TERÁ APENAS FRAGILIDADE NO CORAÇÃO

DAQUELES QUE SE DELICIARAM COM O ESPETÁCULO.

HOJE SE VAI MAIS UMA ESTRELA

AOS OLHOS DE MUITOS, BRILHANTE E FORTE,

AINDA QUE POR VEZES DECADENTE!

AGORA RESTAM APENAS SAUDADES,

POIS HOJE MAIS UMA TRAVESTI PARTE.

| em memória: Vinnah |

LEVOU-ME OS VERSOS ME DESCONSTRUIU
BAGUNÇOU AS IDÉIAS, REVIROU OS CACOS,
E ENTÃO, SUMIU.

APARECEU UM DIA A REPETIR O QUE ERA MEU
ENTREGOU MEU PRESENTE A OUTREM
DEIXOU-ME PARTIR.

TENTOU SONDAR
CAMINHOU AO PASSADO.
SORRISO IRÔNICO NA FACE
QUESTIONAMENTO ENSURDECEDOR.

E ENTÃO PARTIU ALGO DENTRO
AFORA DE MIM.

| existem vozes no meu silêncio que gritam tanto |

ELE, CASADO E CANSADO DA ROTINA
A ESPOSA NÃO SE ARRUMA MAIS COMO ANTES
EXAUSTA POR TER QUE CUIDAR DOS FILHOS E DA CASA
ELE ERRADO DEMAIS PARA ADMITIR.

ELA, SOLTEIRA E APRECIADORA DO PERIGO
QUER DIVERSÃO ENQUANTO ESPERA POR UM AMOR
CANSADA DE FICAR NA SOLIDÃO
ELA CARENTE E ISOLADA.

ELE A PROCURA
ELA TENTA SE AFASTAR
(CAMINHOS QUE SE CRUZAM CONSTANTEMENTE)
ELA É O ALVO DO DESEJO
ELE NÃO CONSEGUE SEGURAR.

MAIS UM ENCONTRO CASUAL
ELA TÍMIDA, O CUMPRIMENTA.
ELE SE APROXIMA A BALBUCIAR SUAS VONTADES
TROCA DE CONTATO!

O DESEJO AUMENTA NO INVESTIR DAS PALAVRAS
O FATO IRÁ SE CONSUMAR
ELA PREPARADA E PERFUMADA
ELE A PENSAR EM QUAL DESCULPA DARÁ

TAIS LIBERDADES FORAM TOMADAS...
INTENSOS! COMO A PRIMEIRA E TALVEZ, ÚLTIMA VEZ.
ELOGIOS, TOQUES, SACIEDADE!

ENTREOLHAM-SE ENVERGONHADOS. PORÉM, CÚMPLICES!
NOVAS VONTADES... E ALI VÃO ELES OUTRA VEZ.

NÃO SABE SE VEM OU SE VAI

QUANDO VAI, MISTO CONTINUO DE INCONSTÂNCIA.

LIBERA O PENSAR, FORTALECE O DESISTIR.

É APENAS BREVE E PASSAGEIRO

EMBORA ESTEJA FICANDO POR LONGAS HORAS.

É INDECISÃO, DESÂNIMO, DESCOMPROMISSO!

O NADA TER NAS MÃOS, MAS TUDO VOAR.

NÃO DA PRA COMPREENDER O MOTIVO

LEVA AO PONTO INERTE DE PARTIDA

É O CANSAR SEM NEM AO MENOS VIVER.

QUANDO TE QUERO, QUERO BEM PERTO.

NUM ENLACE PARA SEMPRE

QUERO CONSTRUIR ALGO, IR ALÉM.

TER-TE E SER TUDO QUE É SEU.

QUANDO A VONTADE PASSA, QUERO LONGE

NO DESCONHECIDO E INALCANSÁVEL

QUERO APAGAR OS TRAÇOS

ARREPENDER DO PASSADO

JUNTAR TODOS OS CACOS ME DESCONSTRUIR.

A felicidade pode
Estar na nudez daquilo
Que o mundo te vestiu.

O ócio criativo liberta a mente

Não me faça sorrir,
Faça-me pulsar.
Melhor que embelezar a face
É fazer a alma estremecer.

As maiores renúncias são as
Que fiz no secreto e que até hoje
Finjo não doer.

Hoje não busco mais você
Pois estou à procura de mim.

Teu sopro de vida ainda não se perdeu
Faça das tuas cicatrizes novos começos.

INVERNO

QUANDO O INVERNO DESCE
A CAMA PEGA FOGO
NA ORGIA DA EXISTÊNCIA
DEFLORA A VIDA
COPULA COM A MORTE

PINTAR A COLEÇÃO DE VERMELHO QUENTE
DAQUELE CORTANTE DE DESUNIR AS PARTES.
RETALHOS DE ARREPENDIMENTOS,
DOR DA ENTREGA IMERECIDA.

AS LINHAS DO PENSAMENTO TECEM...
RECORDAM OS PONTOS QUE DEMOS
NO DECORRER DO TEMPO.
CORAÇÃO NÃO MAIS RETECIDO
POR NÃO HAVER AVIAMENTOS.

LEMBRANÇA DAQUELES CASEADOS EM LUZ
QUE OUTRORA FORAM FIXADOS
AO LONGO DA JORNADA,
COM VESTÍGIOS DE AFETOS
E TEXTURA DE SAUDADE.

NO CROQUI DA VIDA,
O MEU EM PRETO E BRANCO
A VER OS AMORES PASSAR.
DESAMORES.

| às vezes sinto que estou num estado
mais nublado que o próprio dia |

E HOJE NÃO HÁ FESTA NEM COMEMORAÇÕES
OS CÉUS E A TERRA ESTÃO EM VIGÍLIA
PROFUNDA E SILENCIOSA.
ARDOR NO PEITO, DOR IMENSURÁVEL,
VAZIO QUE NADA PREENCHE.

MENTE VAGA APRIMORANDO O NADA
HOJE HÁ MEMORIZAÇÃO DAS FALAS EMUDECIDAS
NÃO HÁ RISOS GAÉLICOS, DRÚIDAS,
CÉLTICOS, BRUXOS... CRISTÃOS.

CORAÇÕES DESMERECIDOS,
AQUILO QUE ERA DOCE FINDOU-SE
NUMA TRAVESSURA SECULAR.

DE CRENTES A MÁRTIRES
DO EMPODERAMENTO AO FOGO
DAS BRASAS ÀS CINZAS CULTURAIS.

GUERRA DE RELIGIÕES
SEM DESTINO NEM PAUSA
LUTA INFINDÁVEL POR LIBERDADE
LIBERDADE ESTA DO ACREDITAR!

| toda reforma intercorre na fogueira |

UNIÃO DAS PARTES DESIGUAIS
DESMEDIDA MANEIRA DO PRAZER
ATADOS E ENTRELAÇADOS NA INCOMPLETUDE
DESEJO, MOMENTO, SABOR.
DESAMOR.

INSTINTO INATO E CORAÇÕES VAZIOS
LEMBRANÇAS E VIRTUDES ESQUECIDAS
SAGRADO MANTIDO EM SECRETO
VISLUMBRE DE CALOR E CHAMA.
INCOMPATIBILIDADE.

VIDAS SEPARADAS EM MISTÉRIOS
MUNDOS DISTINTOS DESPIDOS DA FACE
VELADOS EM NUDEZ, PROSSEGUEM...
FATALIDADE.

ACASO UNIDO AO MARCO DO DESEJO
BARREIRAS ESTABELECIDAS
NA DISCREPÂNCIA MOMENTÂNEA.
SATISFAÇÃO.

REALIZAÇÃO DO DESEJO LATENTE
ENVOLVIMENTO RECÍPROCO E MÚTUO
DE CORPOS FAMINTOS.
NECESSIDADE.

PONTO DE PARTIDA DAS DORES
VONTADES AO FINDAR DA CARÊNCIA
FOTOGRAFIA DAQUILO QUE JÁ NÃO SE FAZ PRESENTE
ONDE O ONTEM SE VOLTA MAIS UMA VEZ.

ESTAVA QUENTE, MAS O CORPO A GELAR POR DENTRO
LONGAS HORAS DE CONVERSA SE PASSARAM
SENTIMENTOS SENDO REMOÍDOS POR DENTRO.
CONTUDO A DOR RETORNOU E HOJE MAIS UMA VEZ CHOVEU.

ESTA CHUVA NÃO FOI AQUELA DA LEMBRANÇA
NÃO CAUSOU FRENEZI, NEM RUBOR NAS FACES.
DESTA VEZ, TROUXE DOR,
TANTA DOR QUE LAVOU AS PALAVRAS
TROUXE SOLUÇOS E DESMOTIVAÇÃO.

CHOVEU DE UM MODO DIFERENTE,
CHUVA FRIA E PAULATINA
COM VAZIOS QUE NADA PODERIA AFAGAR
GOTAS QUE CORTARAM MINUCIOSAMENTE O SER EM PARTES
E AGORA, PARTES INCOMPLETAS.
NÃO CHOVEU METADES, CHOVERAM PARTES ISOLADAS.

A ÁGUA A CAIR DE MODO TÃO INTENSO QUE SE FEZ SUFOCAR
CHOVEU FERIDAS ABERTAS, PASSADO E PRESENTE UNIDOS.
CHOVEU FALTA DE CONSOLO E FRAQUEZA, MÁGOAS E DESESPERO.
NÃO FOI NADA COMO OUTRORA, FOI DESCONSTRUÍDO.
CHOVEU POR DENTRO SEM TRANSBORDAR.

| desabafe em versos e veja pessoas lhe aplaudindo
enquanto você desfalece |

CORAÇÃO É TERRA ESTRANHA
QUE GUARDA DESABRIGADOS.
DESCONHECIDO PARCEIRO DE VIAGEM,
QUE SE PERDE NOUTROS MUNDOS.

DE SEUS POUCOS PEDAÇOS
FAZ DOS SEUS CACOS PORTAS DE ENTRADA
PARA AQUELES QUE NECESSITAM DE MORADIA.

SEM QUERER, ESSES VISITANTES PARTEM
E AINDA CONSEGUEM LEVAR CONSIGO
FLAGELOS DOS ESCOMBROS QUE RESTARAM.

DE VOLTA A ROTINA, ELE SE REMONTA LENTAMENTE.
TENTANDO EVITAR LEMBRANÇAS
BUSCA INCESSANTEMENTE ALGUÉM.
POR FIM SE DESCOBRE ESTANDO ENFERMO DE AMOR.

| já amei, me doei... agora só quero escrever sobre isso
antes que a memória seja curta para lembrar dos detalhes |

A TRIOLOGIA INACABADA
FENDAS INCERTAS DE UM ARTISTA MUDO
CONSTRUÇÃO E TENTATIVA NUM SÓ LUGAR
CORPO, ALMA E SOPRO.
O EXTINTO SOPRO DE VIDA!

BRIGA DE MUNDOS INVISÍVEIS, IMPALPÁVEIS.
PERSONALIDADES DISTINTAS
NUM MESMO CORPO MATERIAL.
CANSADAS E ALIANÇADAS EM JUGO DESIGUAL.

PARECE QUE O SILÊNCIO DECIDIU SE RETIRAR
PARA NÃO OCULPAR A MENTE QUE DEVE ENTÃO EMUDECER.
SOU DIVIDIDA EM TRÊS. PEDAÇOS DISTINTOS E FLAGELADOS
FRACASSO DOS OUTROS, ESPERANÇA DE UM,
INQUIETUDE PARA MUITOS.

A SANTÍSSIMA TRINDADE EM MIM
PERMANECE INTOCÁVEL E INCOMPREENDIDA
RESULTANTE DAQUILO QUE DE TÃO PERFEITO E IRREFUTÁVEL
TORNOU-SE IMENSURÁVEL E INACESSÍVEL.
TALENTO SOLITÁRIO, DESNECESSÁRIO!
DISTANTE OU ALÉM DE UMA ÉPOCA
AMORDAÇADO E ENJAULADO.

DOS DEVANEIOS E DAS LEMBRANÇAS UM ADEUS
QUE A DEUS FORA DESCOMPARTIDO.
UM GRITO POR SOCORRO ABAFADO,
OLHAR DISTANTE, MAS QUE AINDA ALTIVO
MESMO QUE REPROVADO.
SOU O VAZIO TRIPARTIDO!

INTERESSEIROS OS HOMENS
ENVOLVEM-SE NAQUILO QUE OS FAZEM BEM,
FUGAS QUE NÃO ACRESCENTAM DORES
PARA TAPAR FERIDAS E CALAR SENTIMENTOS.

PISAM, ENTRISTECEM, MATAM OUTROS
CALAM AS VOZES E MANCHAM SUAS LEMBRANÇAS.
MORREM EM SI MESMOS!
OLHOS VÊEM LÁ DE CIMA, PORÉM O TEMPO NÃO PASSA.
A MÃO RETIRA E O SOPRO DE VIDA PERMANECE.

TRISTES OS HOMENS
QUE OUTRORA ERAM FELIZES E NEM SABIAM
NÃO APRENDERAM A AMAR O SIMPLES, O PRÓXIMO, SE AMAR!
NÃO COMPREENDERAM QUE A DISTÂNCIA UNEM-SE OS CORAÇÕES.

ASSIM ESSES MESMOS HOMENS PARTEM
QUEBRAM JURAS, DESPEDAÇAM SERES,
DESFALECEM A ESPERANÇA
ENFIM, PARTEM!

| quando os egos são obesos, mentes tornam-se anoréxicas |

ERA APENAS MAIS UMA BRINCADEIRA INFANTIL
ENTRE BOLAS E BONECAS A MALDADE DECIDIU HABITAR
CORROMPIDA MENTE POR UM ADULTO VIL
SER MACHO, MÉDICO... PAI (MÃE)
APRENDA AS FUNÇÕES PARA NÃO APANHAR!

NA BOCA O PROFANO DIALETO A COPIAR
NO CORPO A RÉPLICA DE UM PEQUENO HOMEM
QUE SEUS ÓRGÃOS AINDA NEM APRENDEU A USAR (SORTE)
ÓDIO DESCONEXO QUE VAGA PELAS EMOÇÕES
DA MOÇA, DO RAPAZ... A FORÇA!

VIOLAÇÃO DO CORPO INOCENTE
DA MENTE PURA QUE AGORA JAZ INDECENTE
DOS SUSSURROS E AIS NÃO OUVIDOS
DA CRIANÇA SILENCIADA E SENTENCIADA AOS GRITOS!

AQUELA QUE TÃO SOMENTE PODIA AJUDAR
FICOU AO SOFÁ, SENTADA, FINGINDO NÃO ESTAR LÁ,
REVIVENDO AS CENAS DELA...
A CALAR.

VENDO DA GAROTA AS PARTES
ELE COM FORÇA A MACHUCAR.
ESCAPE, UNHAS, CORPO,
MÃOS... A FACA!

LUZ APAGADA E COITO ENTRE AS PERNAS
NINGUÉM MAIS A MIAR.

DE QUE ADIANTA CRER SE NÃO HÁ IGUALDADE?
ESTÃO SUJEITAS A SUPERFICIALIDADE,
CONDICIONADAS AO NÃO SENTIR,
SENTINDO MUITO.

VISÕES ENTORPECENTES QUE LHES ATRAPALHA O SONO
CONSTANTEMENTE A TROCO DE NADA.

INDIGNAS,
POIS O SANGUE LHES ESCORRE PELAS PERNAS,
AS DORES NAS ENTRANHAS LHES TRANSPASSAM
COMO FRUTO DE UM PECADO BARATO
NA QUAL APENAS UM TERÁ QUE PAGAR.
MAS, OUTRORA NÃO FORA EXECUTADO PELOS DOIS?

ONDE ESTÃO OS BRUXOS QUEIMADOS?
POSSO OUVIR SUA MALDIÇÃO A CAMINHAR PELAS GERAÇÕES?

HIPOCRISIA.
RITOS QUE NÃO AS FAVORECEM EM NADA.
ORÁCULOS PRESOS, VIRGENS MUDAS,
A MERCÊ DE HOMENS SANGUINÁRIOS
COM SEDE DE GUERRA PARA SACIAR O EGO DO SEU PRAZER.

...

...

OLHA A BEATA A PASSAR!
MULHER DE DEUS, RAINHA DO COQUE!
NÃO MEXA COM ELA, POIS O QUE DIZ ACONTECE,
MAS ONDE ELAS ESTÃO NO ALTAR?

"TODAS NECESSITANDO DE UM HOMEM A QUEM AS POSSA DOMAR"

E ONDE ESTÁ A TAL LIBERDADE?
UM CRISTO MORTO EM BOCAS MAL LAVADAS PODERÁ AS CONDENAR?

SERÃO ELAS COSTELAS OU PÓ?
O PÓ DA TERRA. TERRA MÃE!
SEMELHANÇA MÚTUA DOS CHOROS E LAMENTOS QUE
VARARÃO OS SÉCULOS E TRANSPASSARÃO AS ALMAS.
ORARÃO PARA AFASTAR OS MALES.

ELAS...
ESPOSAS, MÃES, FILHAS, RAINHAS!
A JULGAR E A PERDOAR O MUNDO,
A SEREM VIRGENS DE UM REINO SUPERIOR
A REINAR AO LADO DE DEUS.

IGNORÂNCIA ACHAR QUE SE PODE ESCOLHER
HÁ SEMPRE VÁRIAS POSSIBILIDADES
NESTE MUNDO TUDO ESTA ENTREGUE AO ACASO
SOMOS EXATAMENTE AQUILO QUE FIZERAM DE NÓS
FRUTOS DOS CACOS E VONTADES DOS OUTROS
QUE NOS TRANSPASSAM E SE RECRIAM.

UMA IMENSIDÃO DE PROJEÇÕES QUE NOS LIMITA
O FUTURO É A SOMATÓRIA DAQUILO QUE NOS RESTOU.
QUEM SABE, CONSEQUÊNCIAS DAQUELES QUE SE FORAM.
PROVAVELMENTE NÃO DEVE HAVER ESCOLHAS
E SIM, SUGESTÕES PARA GUIAR NUMA CAMINHADA CONTÍNUA
CUJO FINAL SERÁ SEMPRE O MESMO.

AQUILO QUE TEM QUE SER,
DE ALGUM MODO TORNAR-SE-Á.
ESTAMOS SUJEITOS A REPETIÇÃO DO VINDOURO PORVIR
QUE SEMPRE NASCERÁ.

| "estava escrito", mas eu não lia em árabe |

CHEGA DE SE ESCONDER, CAMUFLAR A DOR,
VESTIR-SE COM FALSOS SORRISOS E SANGRAR!
EM CADA SILÊNCIO ABAFADO,
RIOS DE AFETOS DESAPERCEBIDOS.

PAREMOS DE APURAR A VISÃO
PARA O BURACO QUE NOS CABE,
PARA A ROUPA QUE NOS SERVE,
PARA COMO DIZEM QUE DEVEMOS NOS SENTIR.

FUGIMOS MUITO... POR MUITO TEMPO
MAS, FUGAS NEM SEMPRE SÃO POSITIVAS,
PODEMOS CORRER PARA UM LABIRINTO SEM PAUSAS ANUAIS
E TENDENCIAR A REPETIÇÃO CONSTANTE.

PARA NOS LIBERTAR TEMOS QUE DAR O PASSO INICIAL
DEIXAR ALGO PARA TRÁS...
E QUE DESSA VEZ,
SEJAM AS ALGEMAS E MORDAÇAS.

FOMOS SILENCIADOS, CENSURADOS... ABAFADOS.
MAS PARA QUE A NOSSA PRESENÇA SEJA NOTADA
TEMOS QUE APRENDER A CHORAR DE QUEIXO ERGUIDO,
DEIXAR NOSSA VOZ ECOAR ATÉ TRANSPASSAR NOSSOS OPRESSORES.

NÃO SILENCIE OS TEUS IDEAIS
NÃO OCULTE A TUA HISTÓRIA!
DEIXE QUE OUÇAM O CLAMOR
QUE SE TORNARÁ ORGULHO POR GERAÇÕES.

O PODER DE SER É O ÚNICO CAPAZ
DE TRANSFORMAR REALIDADES E DECRETAR A VIDA.
SEJA A PALAVRA CAPAZ DE MUDAR ESTADOS E ESPÍRITOS
A PALAVRA REAL DE UMA TRANSFORMAÇÃO!

SE A VIDA LHE APRESENTAR DORES
QUE NELA HAJA TAMBÉM BELOS MOTIVOS PARA SORRIR
SEJA TUA PRECE REAL E ABSOLUTA!

DOS RETRATOS DO PASSADO TRAGO AS MARCAS!
QUE EM MEIO AS INTEMPÉRIES
POSSAMOS ENXERGAR O QUE NOS SALVA
NÃO O QUE NOS ESCAPA.

(SILÊNCIO)

|a vida é cheia de: "estou com fome", "tenho sede",
"quanto custa", "te vejo hoje"... MAIS UM QUE PARTE|

LÁ VAI A PRETA DESBOTADA A GANHAR A VIDA
SE VESTE, SE PINTA E BOTA A MÁSCARA
POIS PRETA QUANDO NÃO NASCE NA FAVELA
É PATRICINHA, AMERICANIZADA!

SE NÃO USA DITOS RITUALÍSTICOS DOS SEUS ANCESTRAIS
É BASTARDA OU INGRATA!
TEM QUE APRENDER MAIS SOBRE A RAÍZ.
BRASILEIRA, MISCIGENADA, CLASSE MÉDIA...
NÃO SABE O QUE É PRECONCEITO

(SOFRE DE BARRIGA CHEIA! JÁ DIZIAM OUTROS "NEGROS")

NAS VEIAS O SANGUE DOS MESMOS ESCRAVOS
NA RODA DA VIDA A LUTA PELA OBRIGAÇÃO
DE SER A MELHOR EM TUDO,
PARA NÃO PERDER SEU LUGAR ENTRE OS BRANCOS.

(AFINAL, POR DETRÁS DE UMA NEGRA FINA HÁ SEMPRE
UM BRANCO AJEITADO! COMO PREGA A TAL SOCIEDADE)

ABANDONADA PELOS DA SUA COR
RENEGADA PELOS DA SUA CLASSE
LÁ VAI A PRETA NA CORDA BAMBA A PROCURAR SEU LUGAR!

A PERSEGUIR SEUS PRECEITOS,
A LUTAR PELO DIREITO DE TAMBÉM SER CHAMADA:
PRETA.

NOVAMENTE VEM,
REVIRA MINHA CABEÇA
PÕE-ME AO AVESSO, AGITA MEU CORAÇÃO.

FAZ-ME PINGAR EM LENÇÓIS
VAGAR PELO ESPAÇO
AO ACASO PEDIR SOCORRO
E DE NOVO EMUDECER

VEM COMO UM FURACÃO
DERRUBANDO OS MUROS
TRAZENDO INCERTEZAS
CONFUNDINDO TUDO QUE SOU.

VEM RETIRANDO AS CINZAS
LEVANTANDO O PÓ
DESCALÇANDO OS SAPATOS
TIRANDO O ROUPÃO.
REMEXE AS FALAS
RETIRA TODA A CALMA
TORNA A ALMA EM TOTAL SOLIDÃO.

QUANDO VEM FAZ MORADA NAS HORAS
TIRA O SONO E ARREPIA OS PÊLOS
TORNA FOME E SEDE COM UM MODO SEM IGUAL
ABRAÇA-ME COM BRAÇOS FRIOS
BEIJA-ME E TRANSFORMA-SE EM CANÇÕES.

SUGA AS FORÇAS, DESFALECE OS MEIOS
REBATE TODA A ATENÇÃO.
E QUANDO MENOS SE ESPERA
NOVAMENTE VEM!

ME FIZ PUTA PARA ME SENTIR AMADA
RASGUEI O PUDOR, RENEGUEI A CRENÇA.
FUI AOS BRAÇOS DE OUTRO A FALTA DE MIM
O VAZIO QUE AQUI JAZ CHEIO DE MÁGOA.

FUI O GRITO QUE NÃO É ESCUTADO
O CALOR DESARMADO DE UM CASO CONSENSUAL
TORNEI-ME NADA E PÓ NA BUSCA POR COMPLETUDE
NAS MÃOS DE UM A FRAGILIDADE,
NOS BRAÇOS DE OUTRO O DESAFETO.

MAS AINDA ASSIM FUI O COMPROMISSO DE CUMPRIR O TRAIO
SER GOZO DE ALGUÉM TÃO RASO!
FUI PUTA DE MIM MESMA,
VENDENDO-ME BARATO AO MEU PRÓPRIO ENGANO.

SENTIDA?
NÃO, CALADA!
SUFOCADA PELAS MEMÓRIAS
QUE NÃO MAIS SE DESFAZEM.

TENTEI FALAR,
EU SEI!
MAS, NÃO HAVIA NINGUÉM ALI A ESCUTAR.

SEJAS TU SAGRADO NA VIDA DE ALGUÉM!
MAIS DO QUE SE DOAR,
SEJA AS REGRAS E LEIS A PULSAR.
COMO O SUOR QUE ESCORRE NA FACE
SEJA SECRETO, DOCE E REAL.
SEJA O NOVO DECRETO A SER APRIMORADO
AS NOVAS JURAS NAS TÁBUAS A SE SAGRAR.
COMO CONFIAR EM AMANTES
QUE DE INTENSOS, TÃO DISTANTES,
EM GEMIDOS INSENSATOS DO ANOITECER?
COMO ENCONTRAR SENTIMENTO SINGELO
QUE NOS OUTROS, TÃO REAIS?
MAIS VALE UM MOMENTO FICTÍCIO
QUE A EXATIDÃO DA NÃO PERTENÇA.
VALE MAIS AINDA PERDER-SE NOS BRAÇOS VÃOS
QUE SENTIR O FRIO DA SOLIDÃO.
VALE AINDA SE EMBRIAGAR DE ESPERANÇA!
SE DIVERTIR NA ESPERA
QUE UM DIA O AMOR HÁ DE CHEGAR!

| é no encontro das almas que somos fragmentados |

PREPARAR, APONTAR, FOGO!
GRITO INFINDÁVEL, RUMORES DE GUERRAS.
LUTA PELO QUE LHES FOI ROUBADO
LUTO POR AQUELAS TOMADAS A FORÇA.

1909, 1917, 1975... 2020, ANOS POR VIR.
CICLO DE CONQUISTAS, RODA GIGANTE DE PERDAS,
ESPERANÇA RESILIENTE!
UNHAS PINTADAS EM SANGUE, CALÇAS JUSTAS,
RÍMEL EM LÁGRIMAS, PÓ...
O PÓ DA TERRA.

LIBERDADE!
NÃO AO USO DO SUTIÃ, FEMINILIDADE!
DIREITO DE IR E VIR,
DIREITO DE SER HUMANA.
DE SER MULHER!

BRINDE SILENCIOSO ENFEITADO POR MÍDIAS
PARA CAMURFLAR O CHORO DOS EXEMPLOS QUE JÁ FORAM
PARA LUDIBRIAR AQUELAS QUE AQUI ESTÃO
E CHEFIAR AS QUE ESTÃO POR VIR.

CONFLAGRAÇÃO,
SEDIÇÃO,
MUDANÇAS JÁ!

| somos força... somos sopro |

ALGUNS SÃO CAIS PARA FIRMAR AS MARGENS
E IMPEDIR TRANSBORDOS.
SÃO LOCAIS DE CARGA E DESCARGA
PROPORCIONAM ESTABILIDADE
COMO AMIGOS LEAIS A SEGUIR PELA VIDA.

OUTROS SÃO PORTOS LUGAR DE REFÚGIO, ABRIGO, DESCANSO!
PREPARADOS PARA SER LOCAL SEGURO.

NÃO CONFUNDA DESEJO COM INVASÃO
TEU CORPO NÃO É OBJETO PÚBLICO
PARA SER USADO SEM AUTORIZAÇÃO.
RESPEITE SEU CORPO, O DO OUTRO, O CORPO!

NÃO O INVADA COM PALAVRAS,
COM FALSOS SENTIMENTOS... COM AS MÃOS!
DESEJOS DEVEM SER NOTIFICADOS POR CARTAS DE AFEIÇÃO.
PERMITA-SE A DESEJAR A SI MESMO.

NÃO SE INVADA COM FALSAS ILUSÕES,
ELOGIOS DETURPADOS... FALSAS ALMAS!
VÁ ONDE TEU CORAÇÃO ABRIR ESPAÇOS.
NÃO CONFUNDA AMOR COM CUIDADO
NEM VONTADE DE FAZER MORADA COM O MEDO DA SOLIDÃO.
NÃO CONSTRUA UM PÍER ONDE NÃO HÁ ÁGUAS.

| gosto de ser desejada, não invadida |

EIS A VIDA QUE ME FAZ SEMPRE RETORNAR.
A CADA TRECHO UMA NOVA CONQUISTA
UMA BUSCA INSTALADA
O LONGE QUANDO SE APROXIMA
PARTE PARA MAIS DISTANTE DE MIM.

NESSA ESTRADA SEM FIM VOU A PEREGRINAR
SE, OLHO PARA TRÁS MINHAS MÃOS ESTÃO CHEIAS.
AS VITÓRIAS APARENTAM TER ME ALCANÇADO
PORÉM, MAIS A FRENTE VEM A EXATIDÃO DE QUE NADA TENHO!
O QUE POSSUO NÃO ME BASTA,
O QUE VISLUMBRO TALVEZ NÃO CHEGUE.

SE PUDESSE PEDIR ALGO SERIA ESTE: ARREPENDIMENTO!
PARA DESATAR OS NÓS AMBÍGUOS
APAGAR AS VASTAS MEMÓRIAS, ME PERDOAR!

SERIA PRECE SENTIDA DE UMA SERVA ATURDIDA
ENEBRIADA, ESCONDIDA!
PEDIRIA PERDÃO PARA UM RECOMEÇO
DARIA PARA DESVELAR A TAL ILUSÃO.
O CERTO SERIA ESCOLHIDO E A VONTADE ANULADA
SERIA MAIS UMA VEZ IMACULADA!

PORÉM, NÃO HÁ PEDIDOS, NEM MESMO QUEM OS POSSA OUVIR.
HÁ CORAÇÃO MACHUCADO E ESTASIADO PELA VIVÊNCIA
LUTO CONSTANTE PELA PESSOA QUE EM SI MESMA SE FOI.

NÃO, ISSO NÃO É MELANCOLIA!
É APENAS OUTRO PEDIDO:
- SOCORRO!

DESEJO ARDENTE
VONTADE NUA
PRINCÍPIO DESMORONADO
DESONRA SEM MÉRITO

SELO QUEBRADO
ANEL TRANSPASSADO
DA QUE DE IMACULADA
AGORA JAZ IMPURA

FRAGILIDADE E DOR
PAVOR INENARRÁVEL
DESCONHECIMENTO
ROMPIMENTO, NOVA MORADA

ALIANÇA FEITA
FARDO PESADO, DESIGUAL
DESMEMBRAMENTO FRÍGIDO
VOZ CALADA, ABAFADA

MÚSCULO CORTANTE.

| a criança ainda chora... culpada pelo líquido que não era seu |

SOMOS AQUILO QUE A ÁGUA
NÃO É CAPAZ DE MOLHAR
O VENTO NÃO PODE ESPALHAR
E O FOGO NÃO TEM A CAPACIDADE
DE QUEIMAR.

NASCEMOS PARA APRENDER A MORRER,
E ENTÃO... EXISTIR.
SOMOS O SILÊNCIO COM SUA
FALA TRANSBORDANTE E INFINDÁVEL.

SOMOS CORPOS DESTRUTÍVEIS
MENTES POR DESEJOS APRISIONADAS
TEMOS O ESPÍRITO POR LIBERDADE
ONDE ESTAMOS NÃO NOS CABEMOS
PARA ONDE VAMOS, DE NADA SE SABE.

| a cada verdade distorcida, uma loucura |

AMARIAH

SOU POESIA NO VERSO
NO JEITO E NO GESTO
DO PEITO, O PROTESTO
DA VOZ QUE NÃO É OUVIDA.
SOU O SILÊNCIO ABAFADO
QUE ATRAVÉS DE TI,
(LEITOR)
AGORA GRITA!

www.ingramcontent.com/pod-product-compliance
Lightning Source LLC
LaVergne TN
LVHW020917200726
843506LV00011B/1742